高校入試

近道問題 **06** 単語・連語・会話表

この本の特色

① コンパクトな問題集

入試対策として必要な単元・項目を短期間で学習できるよう，コンハ
とめた問題集です。直前対策としてばかりではなく，自分の弱点を見つ
断材料としても活用できるようになっています。

② 豊富なデータ

英俊社の「高校別入試対策シリーズ」「公立高校入試対策シリーズ」の豊富な
入試問題から問題を厳選してあります。

③ 問題の多様性

単語の問題でよく問われる相関単語表や，単語と発音の両方を問われる同音異
義語の問題等，さまざまな形式の問題を掲載しています。多様な問題形式に慣
れ，入試に備えてください。

④ 入試直前確認事項

「これだけは覚えておきたい!!」会話表現を掲載しています。毎日短時間の暗
記や，入試直前の最終チェックに活用してください。

この本の内容

1 意味とつづり

近道問題

1 次の日本語の意味を表す英語になるように，□に1字ずつ入れて単語を完成させなさい。 (神戸常盤女高)

(1) 日曜日　S□nday　　(2) 動物園　z□□　　(3) 夜　n□□ht

(4) 住所　ad□□ess　　(5) 頭痛　he□da□□e

2 次の意味を表す英単語を答えなさい。 (英真学園高)

(1) 昼食（　　　　）　　(2) 写真（　　　　）　　(3) 信じる（　　　　）

3 次の(1)～(5)を日本語に，(6)～(9)を英語にしなさい。 (昇陽高)

(1) swim（　　　）　　(2) deep（　　　）　　(3) color（　　　）

(4) water（　　　）　　(5) son（　　　）　　(6) 感じる（　　　）

(7) 簡単な（　　　）　　(8) 卵（　　　）　　(9) 季節（　　　）

4 例にならって，各組のすべての単語に関連することばを，指定されたアルファベットで始まる英語1語で答えなさい。 (芦屋学園高)

(例)　koala / cat / panda / dog〔a _ _ _ _ _〕　　答：a n i m a l

(1) Japanese / French / English / Chinese〔l _ _ _ _ _ _ _〕

(2) water / coffee / juice / milk〔d _ _ _ _〕

(3) library / museum / school / hospital〔b _ _ _ _ _ _〕

(4) hour / minute / second / clock〔t _ _ _〕

(5) eye / nose / hair / ear〔h _ _ _〕

5 次の(1)～(3)の単語の反対の意味の語を1つ選びなさい。 (神戸第一高)

(1) empty（　　　　）

ア　full　　イ　enough　　ウ　fall　　エ　stomach

(2) peace（　　　　）

ア　poor　　イ　sad　　ウ　lonely　　エ　war

(3) quiet（　　　　）

ア　loud　　イ　big　　ウ　hot　　エ　quick

6 次の各組4つの単語の中に，1つだけ他の3つとは意味上異なるものがある。その単語を選び，記号で答えなさい。 (滋賀学園高)

(1)(　　　)　(2)(　　　)　(3)(　　　)　(4)(　　　)　(5)(　　　)

(6)(　　　)

(1)　ア　eye　　イ　foot　　ウ　cap　　エ　hand
(2)　ア　him　　イ　mine　　ウ　me　　エ　my
(3)　ア　pen　　イ　eraser　　ウ　bicycle　　エ　notebook
(4)　ア　coffee　　イ　egg　　ウ　tea　　エ　water
(5)　ア　Wednesday　　イ　December　　ウ　Saturday　　エ　Tuesday
(6)　ア　dog　　イ　pet　　ウ　cat　　エ　rabbit

7 次の単語に関連するものをア～エより1つ選び，記号で答えなさい。 (アサンプション国際高)

(1)　fruit（　　　）
　ア　bandanna　　イ　sweet　　ウ　lemon　　エ　yellow
(2)　color（　　　）
　ア　bed　　イ　purple　　ウ　grin　　エ　oranges
(3)　clothing（　　　）
　ア　hair　　イ　soup　　ウ　paints　　エ　tie
(4)　job（　　　）
　ア　cook　　イ　make　　ウ　drive　　エ　shop
(5)　furniture（　　　）
　ア　bedroom　　イ　house　　ウ　table　　エ　garden

8 次の(1)～(4)の各文について，例にならって適切な英文になるように（　　　）内の文字を並べかえて単語を完成させなさい。 (星翔高)

(1)(　　　)　(2)(　　　)　(3)(　　　)　(4)(　　　)

(例)　This is a birthday (acek) for you.→ cake

(1)　February is the (cdenos) month of the year.
(2)　It will be (cdlouy) in the morning.
(3)　"I have a (ademr)," he said.
(4)　I'll buy a train (ceiktt) for Tokyo.

2 定義文の単語化① 近道問題

1 次の英文の（　）に入る語(句)として最も適切なものを，次のア～エから1つ選び，記号で答えなさい。 (箕面学園高)

(1) The tenth month of the year is (　).

ア　August　　イ　September　　ウ　October　　エ　November

(2) Teachers teach at (　).

ア　school　　イ　hotel　　ウ　office　　エ　kitchen

(3) People do not go to work or school on (　).

ア　birthday　　イ　date　　ウ　vacation　　エ　week

(4) A century has (　).

ア　one million years　　イ　ten thousand years

ウ　one thousand years　　エ　one hundred years

2 次の各英文の（　）内に入る最も適当なものを下のア～エの中からそれぞれ1つ選び，記号で答えなさい。 (大阪偕星学園高)

(1) A (　) shows the days, weeks, and months of a year. It is usually on a wall.

ア　watch　　イ　moon　　ウ　calendar　　エ　sun

(2) A (　) is a piece of special glass. You can see yourself in it.

ア　ring　　イ　necklace　　ウ　comb　　エ　mirror

(3) People can get on and off the train at the (　).

ア　park　　イ　station　　ウ　airport　　エ　stadium

(4) A large animal which is kept on farms to get milk or beef is a (　).

ア　cow　　イ　horse　　ウ　bear　　エ　pig

(5) The part of the body at the end of the arm with fingers is a (　).

ア　foot　　イ　face　　ウ　hand　　エ　head

(6) A sharp metal thing to cut things is a (　).

ア　spoon　　イ　knife　　ウ　fork　　エ　dish

3 次の英文は，それぞれある語について説明したものである。その説明文に相当する英単語を答えなさい。ただし，（　）内の文字から始めること。

   (1)(　　　　)　(2)(　　　　)　(3)(　　　　)　(4)(　　　　)　　　　　　（興國高）

（例）　It is the number after eleven.（t　）　　答え：twelve

(1)　It is a very large animal with a long nose.（e　）

(2)　It is the fourth month of the year.（A　）

(3)　It is a person who sees sick people.（d　）

(4)　It is the season after fall.（w　）

4 次の(1)〜(4)のそれぞれの説明にあてはまり，右に示してある文字で始まる単語を答えなさい。ただし，答えは示してある文字も含めて解答欄に書きなさい。

   (1)(　　　　)　(2)(　　　　)　(3)(　　　　)　(4)(　　　　)　　　　　（上宮太子高）

(1)　the first month of the year ［ J　　　］

(2)　the day that comes before Friday ［ T　　　］

(3)　a part of the body for hearing ［ e　　　］

(4)　a thing which tells us time ［ c　　　］

5 次のそれぞれの語句が表す内容を，指定したアルファベットで始まる単語1語で答えなさい。　　　　　　　　　　　　　　　　　　　　（神戸星城高）

(1)　the sister of your father or mother（a　　　　）

(2)　a person who performs in a play or a film（a　　　　）

(3)　wanting to eat something（h　　　　）

(4)　a very young child who has not learned to speak or walk yet（b　　　　）

6 次の(1)〜(3)の各文の（　　　）に入る適切な単語を，後のア〜オから選び，記号で答えなさい。なお，文頭に置かれる語も小文字にしてある。　（橿原学院高）

(1)　When you（　　　　）things, you collect them and bring them together.

(2)　A（　　　　）is a large black and white bird that swims in the sea but cannot fly.

(3)　（　　　　）is a slice of bread that has been cooked until it is brown.

   ア　sandwich　　イ　gather　　ウ　chicken　　エ　penguin

   オ　toast

3 定義文の単語化② 近道問題

1 次の(1)〜(5)の英文はア〜エの英単語の説明文です。それぞれの説明文が表す意味に最も近い語をア〜エから選び，その記号で答えなさい。 （奈良女高）

(1)（　　） (2)（　　） (3)（　　） (4)（　　） (5)（　　）

(1) a round soft red fruit eaten or cooked as a vegetable

　　ア watermelon　　イ strawberry　　ウ tomato　　エ orange

(2) a large musical instrument that has black and white keys

　　ア flute　　イ piano　　ウ trumpet　　エ guitar

(3) a piece of furniture for one person to sit on, and it has a back, a seat, and four legs

　　ア bed　　イ table　　ウ chair　　エ desk

(4) a very smart sea animal like a large fish with a long pointed mouth

　　ア salmon　　イ shark　　ウ turtle　　エ dolphin

(5) a thing specially made and filled with water, and people can swim or play in it

　　ア pool　　イ river　　ウ lake　　エ sea

2 次の英文の意味が通じるように，（　　）の中に適する1語を入れなさい。ただし指示された文字から始まる語で答えること。 （梅花高）

(1)（　　） (2)（　　） (3)（　　） (4)（　　）

(1) Wednesday is the day that comes after（T　　）.

(2) We can borrow books from a（l　　）.

(3) We use an（u　　）on a rainy day.

(4) We can eat（d　　）food at a restaurant.

3 次の英文が示す英単語を1語で答えなさい。ただし，（　　）内の指定文字ではじめるものとする。 （大谷高）

(1)（b　　）：It is a long tropical fruit with a yellow skin. Monkeys like it very much.

(2)（t　　）：It is a sport for two players or two pairs of players who use rackets to hit a soft ball.

(3) （e　　　）：It is a very large grey animal with four legs and a long nose.

(4) （c　　　）：It is a room that you have lessons in at school.

4 次の英語による説明に相当する単語を答えなさい。ただし，与えられた文字で書き始めること。 (関西大学北陽高)

(1)（　　　） (2)（　　　） (3)（　　　） (4)（　　　）

(1) （t　　　）：children play with this for fun

(2) （s　　　）：when you look up, you can see clouds and the sun, moon and stars there

(3) （h　　　）：when you are sick, you go there

(4) （p　　　）：you have to show this when you enter or leave a country

5 次の英文が説明している単語を，それぞれ英語１語で書きなさい。 (兵庫県)

(1) It is the hottest season of the four. It is between spring and fall.

（　　　　　）

(2) It is a thing which has many passengers in it. You can go abroad by using it. It flies in the sky. （　　　　　）

(3) It is a thing you can see in houses. You need it to get light from the sun. You open it to get fresh air. You don't usually use it to go into or out of a house. （　　　　　）

6 次の(1)〜(3)の （　　　） に入る，［　　　］内の定義や説明に合う１語をそれぞれ答えなさい。なお，それぞれの文に適した完全な語の形で答えること。

(立命館高)

(1) We don't have enough food, so we have to （　　　　　）.
［to have or use something with other people］

(2) Why do you want a lot of （　　　　　）?
［You get it by working and you can use it to buy things.］

(3) I will join （　　　　　） practice after school every Monday.
［a game of two teams using their hands to hit a ball over a high net］

4 相関単語表

● ＡとＢの関係とＣとＤの関係が同じになるように（　　）に適当な語を入れなさい。

	A	B	C	D	
			〈動詞変化〉		
(1)	go	goes	study	（　　）	
(2)	write	written	buy	（　　）	（履正社高）
(3)	write	writing	begin	（　　）	（大阪商大堺高）
(4)	come	came	feel	（　　）	（大阪薫英女高）
(5)	play	played	cry	（　　）	
(6)	drink	drunk	do	（　　）	（大阪電気通信大高）
(7)	drink	drank	break	（　　）	（太成学院大高）
(8)	know	known	wear	（　　）	
(9)	see	saw	catch	（　　）	（甲子園学院高）
(10)	begin	begun	give	（　　）	（京都両洋高）
			〈比較変化〉		
(11)	tall	taller	pretty	（　　）	（東大阪大柏原高）
(12)	long	longest	happy	（　　）	（金光藤蔭高）
(13)	fast	faster	little	（　　）	（アサンプション国際高）
(14)	short	shorter	good	（　　）	（プール学院高）
(15)	small	smallest	bad	（　　）	（奈良大附高）
			〈序数詞・基数詞〉		
(16)	one	first	three	（　　）	（大阪商大高）
(17)	ten	tenth	two	（　　）	（神戸弘陵学園高）
(18)	eight	eighth	five	（　　）	（育英高）
(19)	September	ninth	December	（　　）	
(20)	100	hundred	1000	（　　）	（天理高）

〈複数形〉

(21)	pen	pens	city	(	)	（アナン学園高）
(22)	year	years	box	(	)	（甲子園学院高）
(23)	book	books	leaf	(	)	（大阪産業大附高）
(24)	egg	eggs	knife	(	)	（東大阪大柏原高）
(25)	hand	hands	foot	(	)	（大阪商大堺高）
(26)	dog	dogs	child	(	)	（大阪商大高）
(27)	lady	ladies	woman	(	)	（金光藤蔭高）

〈名詞・代名詞〉

(28)	teacher	school	nurse	(	)	（育英高）
(29)	strawberry	fruit	onion	(	)	（香ヶ丘リベルテ高）
(30)	music	musician	science	(	)	
(31)	France	Europe	India	(	)	（近大附和歌山高）
(32)	they	their	it	(	)	（大阪緑涼高）
(33)	her	hers	him	(	)	（梅花高）
(34)	I	mine	we	(	)	（奈良大附高）
(35)	I	myself	they	(	)	

（関西福祉科学大学高）

〈反対語〉

(36)	father	mother	son	(	)	（甲子園学院高）
(37)	north	south	west	(	)	（大阪緑涼高）
(38)	go	come	buy	(	)	（近大附和歌山高）
(39)	open	close	remember	(	)	（大阪商大高）
(40)	young	old	easy	(	)	（梅花高）
(41)	hot	cold	same	(	)	（京都精華学園高）
(42)	big	small	expensive	(	)	（大谷高）
(43)	high	low	heavy	(	)	（中村学園女高）
(44)	few	many	little	(	)	（香ヶ丘リベルテ高）
(45)	possible	impossible	happy	(	)	（育英高）

5 共通語と同音異義語 近道問題

1 次の各組の（　）に共通して入る１語を答えなさい。

(1)(　　　) (2)(　　　) (3)(　　　) (4)(　　　) (5)(　　　)

(6)(　　　) (7)(　　　) (8)(　　　) (9)(　　　) (10)(　　　)

(11)(　　　) (12)(　　　)

(1) It's getting dark. Can you turn on the (　　)?

The desk was very (　　), so I was able to move it by myself.

(2) You can't use this PC. It is out of (　　).

May I take your (　　) now? What would you like?

(3) Tom may (　　) off the tree if he's not careful.

I like (　　) better than summer. (東福岡高)

(4) Please (　　) the window. It has started to rain.

My house is very (　　) to Nishijin Station.

(5) I have a (　　), so I can't go to school today.

It is very (　　), so you should wear a jacket.

(6) My brother will (　　) his job next month.

When I bought a chocolate that was 600 yen, I paid 1,000 yen. So the

(　　) was 400 yen. (中村学園女高)

(7) The dog was old, and weak (　　).

I am (　　) tired to walk fast.

(8) I want to (　　) the baseball game on TV.

My father bought me a nice (　　).

(9) You were so (　　) that you showed me the way.

I have never seen this (　　) of flower.

(10) The ground is covered with many (　　).

My brother (　　) for school early in the morning every day.

(11) He has a book in his (　　) hand.

I haven't found the (　　) answer yet.

(12) Hurry up, and you will (　　) the bus.

Let's play (　　) after school. (天理高)

2 次の各組の英文の空所に入る，発音が同じで意味が異なる語をそれぞれ答えなさい。

(1) Last week, I (　　　　) four "Harry Potter" books.

Look at this apple! It is very big and (　　　　)!

(2) I slept for nine (　　　　) yesterday.

"Whose is this?" "Oh, it's (　　　　)." （京都産業大附高）

(3) Many people hope for world (　　　　).

He gave me a (　　　　) of cake.

(4) You will find a tall building on your (　　　　).

Please (　　　　) a letter to me.

(5) Who (　　　　) the can out of the window?

The train went (　　　　) a long tunnel. （雲雀丘学園高）

(6) Can you say your name again? I didn't (　　　　) you.

He came (　　　　) two days ago.

(7) She is the girl that I always (　　　　) in the library.

Is there any fish under the (　　　　)?

(8) Her (　　　　) is a teacher.

Spring (　　　　) makes me warm.

(9) Last night the strong wind (　　　　) in our town.

The girl with (　　　　) eyes is his sister.

(10) My father cut some (　　　　) to make a chair.

(　　　　) you like to drink a cup of tea?

(11) He has two bicycles. (　　　　) is red and the other is white.

Finally he (　　　　) the speech contest.

(12) Kumi moved (　　　　) two years ago.

They couldn't finish (　　　　) work.

(13) The lion is strong, but the rabbit is (　　　　).

I'll visit my grandmother next (　　　　). （東大谷高）

(14) Did you (　　　　) that Berlin Wall was destroyed 30 years ago?

It was winter, and there were (　　　　) flowers in the garden.

（ノートルダム女学院高）

6 発音①

1 （　）内の下線部の発音が同じものには○，異なっているものには×と答えなさい。 (精華高)

(1)(　　) (2)(　　) (3)(　　) (4)(　　) (5)(　　)

(1) (h<u>o</u>bby　　m<u>o</u>st)　(2) (h<u>ear</u>d　　n<u>ear</u>)　(3) (m<u>ea</u>n　　k<u>ee</u>p)

(4) (w<u>ai</u>t　　tr<u>ai</u>n)　(5) (week<u>s</u>　　river<u>s</u>)

2 次の各組で，下線部の発音が同じ場合は○，異なる場合は×と答えなさい。

(1)(　　) (2)(　　) (3)(　　) (4)(　　) (神戸常盤女高)

(1) $\begin{cases} ch\underline{i}ld \\ r\underline{i}ce \end{cases}$ (2) $\begin{cases} new\underline{s} \\ book\underline{s} \end{cases}$ (3) $\begin{cases} play\underline{ed} \\ want\underline{ed} \end{cases}$ (4) $\begin{cases} l\underline{oo}k \\ c\underline{oo}k \end{cases}$

3 次の各組において，下線部の発音が同じならば○を，異なっていれば×を記入しなさい。 (関大第一高)

(1)(　　) (2)(　　) (3)(　　) (4)(　　)

(1) s<u>ai</u>d　　p<u>ai</u>nt　(2) c<u>augh</u>t　　f<u>ough</u>t　(3) b<u>oa</u>t　　abr<u>oa</u>d

(4) y<u>ou</u>ng　　tr<u>ou</u>ble

4 次の各組の語について，下線部の発音が同じなら○，異なっていれば，×で答えなさい。 (大阪偕星学園高)

(1) $\begin{cases} \underline{ea}t \\ pol\underline{i}ce \end{cases}$ (　　)　(2) $\begin{cases} kn\underline{i}fe \\ k\underline{i}nd \end{cases}$ (　　)

(3) $\begin{cases} c\underline{ou}ntry \\ c\underline{u}t \end{cases}$ (　　)　(4) $\begin{cases} c\underline{augh}t \\ c\underline{oa}t \end{cases}$ (　　)

5 次のア～クの各組で，下線部の発音が同じ組を3つ選び，記号で答えなさい。

(　　)(　　)(　　) (自由ヶ丘高)

ア $\begin{cases} p\underline{u}t \\ c\underline{u}t \end{cases}$ イ $\begin{cases} d\underline{o}ne \\ \underline{o}ther \end{cases}$ ウ $\begin{cases} f\underline{i}nd \\ fav\underline{o}rite \end{cases}$ エ $\begin{cases} finish\underline{ed} \\ interest\underline{ed} \end{cases}$

オ $\left\{\begin{array}{l}\text{news}\\ \text{Thur\underline{s}day}\end{array}\right.$ カ $\left\{\begin{array}{l}\text{only}\\ \text{s\underline{o}ft}\end{array}\right.$ キ $\left\{\begin{array}{l}\text{thr\underline{ough}}\\ \text{m\underline{ou}th}\end{array}\right.$ ク $\left\{\begin{array}{l}\text{n\underline{ear}}\\ \text{w\underline{ear}}\end{array}\right.$

6 下線部の発音が他の 3 つと異なるものを, それぞれア～エのうちから 1 つずつ選び, 記号で答えなさい。　　　　　　　　　　　　　　(九州産大付九州高)

(1)(　　　)　(2)(　　　)　(3)(　　　)

(1) ア　sto**ma**ch　　イ　**ch**orus　　ウ　ma**ch**ine　　エ　**ch**aracter

(2) ア　help**ed**　　イ　danc**ed**　　ウ　knock**ed**　　エ　want**ed**

(3) ア　gr**ea**t　　イ　d**ea**d　　ウ　st**ea**k　　エ　br**ea**k

7 次の各組の単語の下線部の発音について, 下線部の発音が他と異なるものをア～エから 1 つ選びなさい。　　　　　　　　　　(京都外大西高)

(1)(　　　)　(2)(　　　)　(3)(　　　)

(1) ア　b**oo**k　　イ　f**oo**t　　ウ　l**oo**k　　エ　sch**oo**l

(2) ア　**th**ousand　　イ　**th**ere　　ウ　**th**ink　　エ　**th**row

(3) ア　h**ear**t　　イ　th**ir**d　　ウ　h**ear**d　　エ　w**or**d

8 次の各組の単語のうち, 下線部の発音が他と異なる語をア～エから 1 つ選び, 記号を答えなさい。　　　　　　　　　　　　(京都先端科学大附高)

(1)(　　　)　(2)(　　　)　(3)(　　　)　(4)(　　　)

(1) ア　dec**i**de　　イ　s**i**lent　　ウ　s**i**gn　　エ　c**i**ty

(2) ア　call**ed**　　イ　work**ed**　　ウ　reach**ed**　　エ　finish**ed**

(3) ア　ch**oo**se　　イ　s**oo**n　　ウ　c**oo**k　　エ　sch**oo**l

(4) ア　introd**u**ce　　イ　red**u**ce　　ウ　d**u**ty　　エ　d**u**ck

9 下線部の発音が他と異なるものを 1 つずつ選び, 記号で答えなさい。

(1)(　　　)　(2)(　　　)　(3)(　　　)　(4)(　　　)　　(和歌山信愛高)

(1) ア　w**eigh**t　　イ　en**ough**　　ウ　f**igh**t　　エ　h**igh**

(2) ア　b**ir**d　　イ　**ear**th　　ウ　w**or**k　　エ　h**ear**t

(3) ア　w**ea**ther　　イ　d**ea**d　　ウ　w**ea**k　　エ　h**ea**lthy

(4) ア　w**i**ndow　　イ　f**i**nd　　ウ　k**i**nd　　エ　wr**i**te

7 発音② 近道問題

1 次の各組の中で，下線部の発音が見出しの語の発音と違うものを1つ選び，記号で答えなさい。 (東洋大附姫路高)

(1) br<u>ea</u>k (　　　)

　ア　bec<u>a</u>me　　イ　br<u>ea</u>kfast　　ウ　c<u>a</u>ke　　エ　ch<u>a</u>nge

(2) h<u>o</u>st (　　　)

　ア　b<u>o</u>th　　イ　b<u>o</u>ught　　ウ　h<u>o</u>me　　エ　h<u>o</u>pe

2 下線部の発音が，見出しに示した単語と同じものをア～エの中から1つずつ選び，記号で答えなさい。 (明星高)

(1) hou<u>s</u>es (　　　)

　ア　ro<u>s</u>es　　イ　ca<u>s</u>es　　ウ　bu<u>s</u>es　　エ　hor<u>s</u>es

(2) wea<u>th</u>er (　　　)

　ア　mon<u>th</u>　　イ　<u>th</u>ought　　ウ　<u>th</u>ough　　エ　<u>th</u>rough

(3) cr<u>ow</u>d (　　　)

　ア　thr<u>ow</u>　　イ　all<u>ow</u>　　ウ　bl<u>ow</u>　　エ　kn<u>ow</u>

3 次の英文の下線部と同じ発音をする語を，下記のア～エより1つ選び，記号で答えなさい。 (初芝立命館高)

(1) A fr<u>ie</u>nd of mine will go abroad next year. (　　　)

　ア　br<u>ea</u>k　　イ　s<u>ai</u>d　　ウ　<u>a</u>nimal　　エ　g<u>i</u>rl

(2) I've read this b<u>oo</u>k three times. (　　　)

　ア　bl<u>oo</u>d　　イ　bl<u>ue</u>　　ウ　w<u>oo</u>l　　エ　b<u>u</u>s

(3) My brother cl<u>i</u>mbed Mt. Fuji last month. (　　　)

　ア　inv<u>i</u>te　　イ　<u>e</u>vening　　ウ　<u>i</u>nk　　エ　m<u>ee</u>t

(4) Old people ask<u>ed</u> me to carry many heavy things. (　　　)

　ア　stopp<u>ed</u>　　イ　wait<u>ed</u>　　ウ　open<u>ed</u>　　エ　clos<u>ed</u>

4 次の(1)～(6)の各組で下線部の発音が同じものを3つ選び，番号で答えなさい。

(　　　)(　　　)(　　　) （福岡大附若葉高）

(1) (a) He works very <u>har</u>d.
　　(b) I <u>hear</u>d the news from her.

(2) (a) Sarah <u>wo</u>n the first prize.
　　(b) See you <u>o</u>ne day next week.

(3) (a) I <u>a</u>te some butter cookies after lunch.
　　(b) I must leave home at <u>eigh</u>t o'clock next Friday.

(4) (a) I have a lot of <u>wor</u>k to do today.
　　(b) It is 30 minutes to <u>wal</u>k to school.

(5) (a) Have you ever <u>rea</u>d the book?
　　(b) The flower shop sells beautiful <u>re</u>d roses.

(6) (a) Let's take a <u>boa</u>t over there.
　　(b) I <u>bough</u>t some new clothes last weekend.

5 次の各組の英文で下線部の発音が同じならば○，異なっていれば×を解答欄に記入しなさい。 （神港学園高）

(1)(　　) (2)(　　) (3)(　　) (4)(　　) (5)(　　)

(1) Tom r<u>ea</u>d many books during summer vacation.
　　She will be r<u>ea</u>dy for the trip by 10:00 today.

(2) She t<u>augh</u>t us French two years ago in France.
　　This is one of the m<u>o</u>st exciting films I've ever seen.

(3) I already k<u>new</u> about the accident before I got home.
　　She always shows her <u>new</u> dress to her friends.

(4) Some of our teachers s<u>ai</u>d, "One for all, all for one."
　　One of my friends sometimes shakes his h<u>ea</u>d slowly.

(5) The earthquake <u>sh</u>ook the clock off the wall yesterday.
　　I know the nur<u>se</u> who is taking good care of my friend.

8 アクセント①

❶ 次の各語で最も強く発音する部分を選び，記号で答えなさい。

(1)(　　　) (2)(　　　) (3)(　　　)　　　　　　　　　　（東洋大附姫路高）

(1)　ad-vice　(2)　e-vent　(3)　con-di-tion
　　　ア　イ　　　　ア　イ　　　　ア　イ　ウ

❷ 次の単語で，最も強く発音する部分を1つ選び，記号で答えなさい。

(1)(　　　) (2)(　　　) (3)(　　　)　　　　　　　　　　（阪南大学高）

(1)　su-per-mar-ket　(2)　com-mu-ni-ca-tion　(3)　In-ter-net
　　　ア　イ　ウ　エ　　　　ア　イ　ウ　エ　オ　　　　ア　イ　ウ

❸ 次の各語の最も強く発音する部分を1つ選び，記号で答えなさい。

（神港学園高）

(1)(　　　) (2)(　　　) (3)(　　　) (4)(　　　) (5)(　　　)

(1)　cal-en-dar　(2)　a-gree　(3)　com-mu-ni-cate　(4)　de-li-cious
　　　ア　イ　ウ　　　　ア　イ　　　　ア　イ　ウ　エ　　　　ア　イ　ウ

(5)　tra-di-tion-al
　　　ア　イ　ウ　エ

❹ 次の各語について，最も強く発音する部分を1つ選び記号で答えなさい。

（大阪商大高）

(1)(　　　) (2)(　　　) (3)(　　　) (4)(　　　) (5)(　　　)

(1)　pi-a-no　(2)　to-mor-row　(3)　in-tro-duce　(4)　vol-un-teer
　　　ア　イ　ウ　　　ア　イ　ウ　　　　ア　イ　ウ　　　　ア　イ　ウ

(5)　fa-vor-ite
　　　ア　イ　ウ

❺ 最も強く発音する部分を選び，記号で答えなさい。　　（神戸弘陵学園高）

(1)(　　　) (2)(　　　) (3)(　　　) (4)(　　　) (5)(　　　)

(1)　con-tin-ue　(2)　el-e-va-tor　(3)　news-pa-per
　　　ア　イ　ウ　　　ア　イ　ウ　エ　　　ア　イ　ウ

(4)　in-ter-est-ing　(5)　tech-nol-o-gy
　　　ア　イ　ウ　エ　　　ア　イ　ウ　エ

6 次の(1)～(3)の英単語について，最も強いアクセントのある位置をそれぞれ記号で答えなさい。 (京都橘高)

(1)(　　　)　(2)(　　　)　(3)(　　　)

(1) bas-ket-ball　(2) in-flu-ence　(3) pho-tog-ra-pher
　　ア　イ　ウ　　　　ア　イ　ウ　　　　ア　イ　ウ　エ

7 次の(1)・(2)のア～エには，①の部分を最も強く発音する語がそれぞれ1語ずつある。その語を選び，記号で答えなさい。 (自由ケ丘高)

(1)(　　　)　(2)(　　　)

(1)　ア　be-gin　　イ　mes-sage　　ウ　a-cross　　エ　sur-prise
　　　　①　②　　　　①　②　　　　　①　②　　　　　①　②

(2)　ア　com-put-er　　イ　re-mem-ber　　ウ　ham-burg-er
　　　　①　②　③　　　　①　②　③　　　　①　②　③

　　　エ　ex-pen-sive
　　　　①　②　③

8 次のア～シの単語の中で最も強く発音する部分が2番目にある語を4つ選び，記号で答えなさい。(　　　)(　　　)(　　　)(　　　) (大阪成蹊女高)

ア　in-ter-view　　イ　for-est　　ウ　bor-row　　エ　con-ven-ient

オ　al-though　　カ　clev-er　　キ　eight-een　　ク　pop-u-lar

ケ　sis-ter　　コ　per-cent　　サ　prac-tice　　シ　vil-lage

9 次のア～クの語の中で，第1アクセント（´）の位置が正しいものを3つ選んで，記号で答えなさい。(　　　)(　　　)(　　　) (上宮高)

ア　caléndar　　イ　damáge　　ウ　passpórt　　エ　plástic

オ　shámpoo　　カ　championshíp　　キ　méssage

ク　communicátion

10 次のア～クの単語の中で，3の部分を最も強く発音するものを3つ選んで，記号で答えなさい。(　　　)(　　　)(　　　) (上宮太子高)

ア　De-cem-ber　　イ　an-i-mal　　ウ　vol-un-teer　　エ　Jap-a-nese
　　1　2　3　　　　1　2　3　　　　1　2　3　　　　1　2　3

オ　in-tro-duce　　カ　con-di-tion　　キ　to-mor-row　　ク　news-pa-per
　　1　2　3　　　　1　2　3　　　　1　2　3　　　　1　2　3

9 アクセント②　近道問題

1 次の各組の語で，最も強く発音される部分の位置が他の3つと異なるものを1つ選び，記号で答えなさい。 (浪速高)

(1)(　　) (2)(　　) (3)(　　)

(1) ア　e-vent　　イ　ho-tel　　ウ　fa-mous　　エ　po-lice

(2) ア　a-fraid　　イ　with-out　　ウ　a-mong　　エ　wa-ter

(3) ア　beau-ti-ful　　イ　fam-i-ly　　ウ　im-por-tant
　　エ　dif-fer-ent

2 下の(1)～(3)のそれぞれの組の中で，最も強いアクセントの位置が，他の3つの語と異なるものをア～エから1つずつ選び，記号で答えなさい。

(1)(　　) (2)(　　) (3)(　　) (滝川第二高)

(1) ア　dif-fi-cult　　イ　hos-pi-tal　　ウ　cer-tain-ly
　　エ　mu-si-cian

(2) ア　i-de-a　　イ　how-ev-er　　ウ　vol-un-teer　　エ　to-ma-to

(3) ア　A-mer-i-ca　　イ　in-for-ma-tion　　ウ　ex-pe-ri-ence
　　エ　es-pe-cial-ly

3 次の各組の単語の中で，最も強く読む部分の位置が他の3つと異なるものをア～エの中から1つずつ選び，記号で答えなさい。 (好文学園女高)

(1)(　　) (2)(　　) (3)(　　) (4)(　　)

(1) ア　dol-phin　　イ　un-fair　　ウ　cas-tle　　エ　week-end

(2) ア　in-tro-duce　　イ　Aus-tral-ia　　ウ　ba-na-na
　　エ　ex-am-ple

(3) ア　cus-tom-er　　イ　dan-ger-ous　　ウ　en-er-gy
　　エ　dis-cov-er

(4) ア　im-pos-si-ble　　イ　com-mu-ni-cate　　ウ　con-ver-sa-tion
　　エ　tech-nol-o-gy

4 次の(1)～(3)の各組で，最も強く発音する音節の位置が他と異なるものを，それぞれ次のア～エから1つずつ選び，記号で答えなさい。　　　（京都女高）

(1)(　　　)　(2)(　　　)　(3)(　　　)

(1)　ア　con-tin-ue　　イ　dis-ap-pear　　ウ　en-gi-neer
　　　エ　vol-un-teer

(2)　ア　con-ve-nient　　イ　en-er-gy　　ウ　ex-pen-sive
　　　エ　mu-se-um

(3)　ア　com-mu-ni-ca-tion　　イ　in-ter-na-tion-al
　　　ウ　el-e-men-ta-ry　　エ　u-ni-ver-si-ty

5 次の各組の中で最も強く発音する位置が3つとも同じなら○，3つとも異なるなら×，1つだけ異なるなら，その異なる語を記号で答えなさい。　（天理高）

(1)(　　　)　(2)(　　　)　(3)(　　　)　(4)(　　　)　(5)(　　　)

(1)　ア　al-read-y　　イ　e-lev-en　　ウ　im-por-tant

(2)　ア　an-oth-er　　イ　el-e-phant　　ウ　in-ter-est-ing

(3)　ア　fa-vor-ite　　イ　mu-se-um　　ウ　un-der-stand

(4)　ア　hos-pi-tal　　イ　li-brar-y　　ウ　res-tau-rant

(5)　ア　af-ter-noon　　イ　dic-tion-ar-y　　ウ　Jap-a-nese

6 次の各組の単語の中で，最も強く発音する部分が，3つとも同じ場合は○，3つとも異なる場合は×，1つだけ異なる場合はその記号を答えなさい。

（帝塚山高）

(1)(　　　)　(2)(　　　)　(3)(　　　)　(4)(　　　)　(5)(　　　)

(6)(　　　)

(1)　ア　ho-tel　　イ　ad-vice　　ウ　po-lice

(2)　ア　pi-an-o　　イ　vi-o-lin　　ウ　cam-er-a

(3)　ア　Af-ri-ca　　イ　In-ter-net　　ウ　Aus-tral-ia

(4)　ア　hol-i-day　　イ　com-put-er　　ウ　va-ca-tion

(5)　ア　ac-tiv-i-ty　　イ　en-vi-ron-ment　　ウ　tem-per-a-ture

(6)　ア　com-mu-ni-cate　　イ　tra-di-tion-al　　ウ　pho-tog-ra-pher

10 be動詞を使った連語① 近道問題

1 次の各文の（　　）にあてはまるものを選びなさい。

(1) Don't be late (　　) school tomorrow.

　ア for　　イ at　　ウ in　　エ on （大阪夕陽丘学園高）

(2) He is very fond (　　) fishing in the lake.

　ア at　　イ in　　ウ of　　エ with （奈良女高）

(3) My daughter doesn't like dogs. She is (　　) of dogs.

　ア afraid　　イ fond　　ウ exciting　　エ sad （自由ケ丘高）

(4) He is different (　　) me. He is nice.

　ア in　　イ of　　ウ for　　エ from （京都成章高）

(5) *Ichiro:* How is your new life in Miyagi?

　Ms. Smith: It's very nice. My neighbors are very (　　) to me.

　ア long　　イ kind　　ウ tired　　エ expensive （宮城県）

(6) Bob was absent (　　) school yesterday.

　ア from　　イ for　　ウ to　　エ at （精華高）

(7) The train was full (　　) foreign people.

　ア on　　イ in　　ウ at　　エ of （上宮太子高）

(8) The park was filled (　　) children.

　ア for　　イ in　　ウ to　　エ with （芦屋学園高）

(9) I was (　　) at the good news.

　ア interested　　イ interesting　　ウ exciting　　エ excited

（大阪夕陽丘学園高）

(10) His name is known (　　) everyone in this school.

　ア of　　イ to　　ウ in　　エ as （神戸星城高）

(11) Tom is known (　　) his beautiful paintings.

　ア for　　イ to　　ウ as　　エ by （関西創価高）

(12) Mt. Fuji is covered (　　) snow.

　ア to　　イ by　　ウ with　　エ in （福岡工大附城東高）

(13) We are pleased (　　) the new house.

　ア with　　イ in　　ウ for　　エ to （立命館高）

(14) This jam is made (　　　) blueberries and sugar.

　　ア　by　　イ　from　　ウ　of　　エ　to　　　　　（大阪青凌高）

(15) This desk is made (　　　) wood.

　　ア　for　　イ　of　　ウ　in　　エ　by　　　　　（近江兄弟社高）

(16) Oranges are made (　　　) juice.

　　ア　of　　イ　into　　ウ　by　　エ　from　　　　　（浪速高）

(17) A :　Lunch break is (　　　). You should go back to class now.

　　B :　Yes, Mr. Fred.

　　ア　down　　イ　from　　ウ　away　　エ　over　　　　　（花園高）

2 日本文に合うように（　　　）内に最も適当な語を入れなさい。

(1) 私の妹はとても上手に英語を話します。

　　My sister is very (　　　) at speaking English.　　　　　（初芝橋本高）

(2) 私の妹は4月2日に生まれました。

　　My sister was (　　　)(　　　) April 2nd.　　　　　（大阪学院大高）

(3) ジョンはその物音に驚いた。

　　John was (　　　) at the noise.　　　　　（九州産大付九州高）

(4) あなたは何に興味がありますか。

　　What are you (　　　)(　　　)?　　　　　（関西大倉高）

(5) 彼女は子どもたちに親切です。

　　She is (　　　)(　　　)(　　　).　　　　　（神戸常盤女高）

(6) その町は古いお城で有名です。

　　The town is (　　　)(　　　) the old castle.　　　　　（近江兄弟社高）

(7) プレゼンテーションの準備はできていますか。

　　Are you (　　　)(　　　) your presentation?

(8) 私の母は看護師であることを誇りに思っています。

　　My mother is (　　　)(　　　) being a nurse.　　　　　（京都橘高）

11 be動詞を使った連語② 近道問題

1 次の各組の文がほぼ同じ内容を表すように（　　）内に適当な語を書き入れなさい。

(1) He likes drawing pictures.

He is （　　）（　　） drawing pictures.　　　　　　（東大阪大柏原高）

(2) My daughter is 3 years old.

My daughter （　　）（　　） 3 years ago.　　　　　　（関大第一高）

(3) Many people all over the world know this song.

This song （　　）（　　） to many people all over the world.

（大阪緑涼高）

(4) They make rice into sake.

Sake is （　　）（　　） rice.　　　　　　　　　　　（羽衣学園高）

(5) Your idea is not the same as mine.

Your idea is （　　）（　　） mine.　　　　　　　　　（立命館高）

(6) She must be a dentist.

I am （　　）（　　）（　　） a dentist.　　　　　　（四天王寺高）

2 次の日本文の意味になるように（　　）内の語句を並べかえ，（　　）の中で指定の位置にくるものの記号を書きなさい。

(1) お年寄りに親切にしなさい。2番目（　　）　4番目（　　）

（ア　people　イ　be　ウ　old　エ　kind　オ　to）.

（滋賀短期大学附高）

(2) ミーティングに遅れて，大変申し訳ありません。

3番目（　　）　5番目（　　）

（ア　to the meeting　イ　I　ウ　very　エ　sorry

オ　for coming　カ　late　キ　am）.　　　　　　　（関西創価高）

(3) 劇場は若い女性であふれかえっていた。3番目（　　）　5番目（　　）

（ア　full　イ　young　ウ　was　エ　the theater　オ　of

カ　women）.　　　　　　　　　　　　　　　　　（大阪成蹊女高）

(4) トムは3日間ずっと学校を休んでいる。2番目（　　）　4番目（　　）

Tom（ア　for　　イ　has　　ウ　from　　エ　been　　オ　absent
カ　school）three days.　　　　　　　　　　　　　（近大附和歌山高）

(5) トムは父親に買ってもらった時計を自慢している。

　　　3番目（　　　）　5番目（　　　）

　　　Tom（ア　bought　　イ　proud　　ウ　the watch　　エ　father
　　　オ　of　　カ　is　　キ　his）him.　　　　　　　　　（福岡大附大濠高）

(6) ヤスシはピザで有名なレストランを見つけました。

　　　3番目（　　　）　5番目（　　　）

　　　Yasushi（ア　that　　イ　is　　ウ　restaurant　　エ　a
　　　オ　famous　　カ　found）for its pizza.　　　　　　（橿原学院高）

(7) 残念ながら，今日はお手伝いできません。3番目（　　　）　5番目（　　　）

　　　（ア　afraid　　イ　you　　ウ　can't　　エ　I'm　　オ　help
　　　カ　I　　キ　that）today.　　　　　　　　　　　　（筑陽学園高）

(8) 京都では，金で覆われた美しい寺を見ることができます。

　　　3番目（　　　）　5番目（　　　）

　　　In Kyoto, you can see a（ア　that　　イ　covered　　ウ　with
　　　エ　temple　　オ　is　　カ　gold　　キ　beautiful）.

　　　　　　　　　　　　　　　　　　　　　　　　　　　（東海大付大阪仰星高）

3　次の日本語を英語にしなさい。

(1) 私はあなたにお会いできてうれしいです。　　　　　　　（樟蔭高）

　　　（　　　　　　　　　　　　　　　　　　　　　　　　　）

(2) 私の母は英語が得意です。　　　　　　　　　　　　　（奈良女高）

　　　（　　　　　　　　　　　　　　　　　　　　　　　　　）

(3) 早く寝なさい。さもないと，学校に遅刻するわよ。　　　（開智高）

　　　（　　　　　　　　　　　　　　　　　　　　　　　　　）

(4) あなたは英語を学ぶことに興味がありますか。　　　　（関大第一高）

　　　（　　　　　　　　　　　　　　　　　　　　　　　　　）

(5) スクールバスは多くの生徒で混みあっていました。　（関西大倉高[改題]）

　　　（　　　　　　　　　　　　　　　　　　　　　　　　　）

12 一般動詞を使った連語① 近道問題

1 日本文に合うように（　　）内に最も適当な語を入れなさい。

(1) この前の日曜日，私たちは友達の誕生日パーティーで楽しい時を過ごしました。

Last Sunday, we（　　　）a good（　　　）at my friend's birthday party.　　　　　　　　　　　　　　　　　　　　　　　　　　　　　（大阪信愛学院高）

(2) 私の祖父は釣りに行くことが好きです。

My grandfather likes to（　　　）（　　　）.

(3) 私は次のサッカーの試合で最善を尽くします。

I will（　　　）my（　　　）in the next soccer game.　　　（精華女高）

(4) 私は柔道クラブに所属しています。

I（　　　）to the Judo club.

(5) どうぞご自由に自分で取って食べてください。

Please（　　　）yourself.　　　　　　　　　　　　　　　　　（京都外大西高）

(6) 昨日，彼はおばさんに手紙を書いた。

He（　　　）（　　　）his aunt yesterday.　　（九州産大付九州高［改題］）

(7) 田中さんをお願いします。［電話で］

May I（　　　）to Mr. Tanaka, please?　　　　　　　　　　　（東福岡高）

(8) ナンシーは私の子供の世話をしてくれた。

Nancy（　　　）（　　　）of my children.

(9) ジョンは今夜のパーティーを楽しみにしています。

John is（　　　）（　　　）to the party tonight.　　　　　　（京都橘高）

2 次の各文の（　　　）にあてはまるものを選びなさい。

(1) Can you help me（　　　）my work?

　　ア　on　　　イ　about　　　ウ　for　　　エ　with　　　（好文学園女高）

(2) Who will（　　　）after the baby?

　　ア　look　　　イ　watch　　　ウ　see　　　エ　view　　　（京都精華学園高）

(3) Did you see my key? I'm looking（　　　）it.

　　ア　after　　　イ　by　　　ウ　for　　　エ　on　　　（英真学園高）

24 —

(4) I don't want to (　　　) a cold, so I often wash my hands.

　ア　catch　　イ　have　　ウ　take　　エ　do

(5) I (　　　) up in London and came to Osaka five years ago.

　ア　picked　　イ　grew　　ウ　knew　　エ　changed

（大阪夕陽丘学園高）

(6) I will (　　　) to Hokkaido with my friends next summer.

　ア　go on a trip　　イ　go trip　　ウ　go travel　　エ　go to traveling

（筑陽学園高）

(7) Ken usually (　　　) up at 6:00 in the morning.

　ア　tries　　イ　takes　　ウ　works　　エ　wakes　　（神戸村野工高）

(8) It started to rain as soon as we (　　　) at the station.

　ア　got　　イ　arrived　　ウ　reached　　エ　came　　（近大附高）

(9) The bus is coming there! Let's (　　　) the bus to the city center.

　ア　get up　　イ　get on　　ウ　get along　　エ　get down

（神戸学院大附高）

(10) Where do you get (　　　) the bus?

　ア　down　　イ　over　　ウ　off　　（精華女高）

(11) It's very cold outside today. You should (　　　) on a sweater.

　ア　take　　イ　wear　　ウ　go　　エ　put　　（智辯学園高）

(12) *Kevin:*　It's so hot in this room, isn't it?

　Yuta:　Yes, it really is. Shall we take (　　　) our jackets?

　ア　out　　イ　off　　ウ　down　　エ　back　　（宮城県）

(13) *A:*　I think young people should go abroad if they have a chance.

　B:　I (　　　) with you. That experience will be useful in the future.

　ア　open　　イ　agree　　ウ　think　　エ　return　　（山口県）

(14) I don't feel (　　　) out today.

　ア　to go　　イ　like going　　ウ　went　　エ　like go

(15) I (　　　) a stranger when I was on my way home from school.

　ア　was spoken to by　　イ　spoke to by　　ウ　was spoken to

　エ　speak to　　（大阪国際高）

13 一般動詞を使った連語② 近道問題

1 次の各組の文がほぼ同じ内容を表すように （　　　）内に適当な語を書き入れなさい。

(1) This is my favorite song.

I （　　　） this song the （　　　）. （金光八尾高）

(2) He is a member of the basketball club.

He （　　　） （　　　） the basketball club. （育英高）

(3) Asako is an early riser.

Asako gets （　　　） （　　　） in the morning. （奈良大附高）

(4) I had a good time at the party.

I enjoyed （　　　） at the party. （プール学院高）

(5) She hasn't written to me for a long time.

I haven't （　　　） （　　　） her for a long time. （天理高）

2 日本文に合うように （　　　） に最も適当な語を入れなさい。

(1) 彼に何が起こっているのですか。

What is （　　　） to him? （初芝橋本高）

(2) あの雲は動物の顔のように見えました。

That cloud （　　　） （　　　） the face of an animal.

(3) 私は彼女の夢がかなうとよいと思います。

I hope that her dream will （　　　） （　　　）. （京都橘高）

(4) 父は昨年タバコを吸うのをやめると決めました。

My father decided to （　　　） （　　　） smoking last year.

（和歌山信愛高）

3 次の日本文の意味になるように （　　　）内の語句を並べかえ, （　　　）の中で指定の位置にくるものの記号を書きなさい。

(1) 駅にはどのように行けばいいですか。3番目（　　　） 5番目（　　　）

（ア the station イ how ウ I エ get オ to

カ can）? （近江兄弟社高）

(2) 兄はニューヨークに向けて東京を発った。

3番目(　　　)　5番目(　　　)

（ア　left　イ　my brother　ウ　Tokyo　エ　New York

オ　for）.　　　　　　　　　　　　　　　　　　（城南学園高）

(3) 日曜日に散歩しませんか。3番目(　　　)　5番目(　　　)

（ア　on　イ　walk　ウ　Sunday　エ　a　オ　about

カ　taking　キ　how）?　　　　　　　　　（関西福祉科学大学高）

(4) 君はその討論に参加しなければならない。

3番目(　　　)　5番目(　　　)

You（ア　the discussion　イ　have　ウ　in　エ　part

オ　take　カ　to）.　　　　　　　　　　　　　　　（東山高）

(5) 間違いを恐れてはいけない。3番目(　　　)　5番目(　　　)

（ア　don't　イ　mistakes　ウ　of　エ　afraid　オ　making

カ　be）.　　　　　　　　　　　　　　　　　　（橿原学院高）

(6) パーティーに招待してくれてありがとう。

3番目(　　　)　6番目(　　　)

（ア　for　イ　inviting　ウ　me　エ　party　オ　thank

カ　the　キ　to　ク　you）.　　　　　　　　　　　（大谷高）

(7) ナオミに会ったら，よろしく言ってください。

3番目(　　　)　5番目(　　　)

Please（ア　you　イ　say　ウ　Naomi　エ　hello

オ　to　カ　see　キ　when）her.　　　　　　（福岡大附大濠高）

(8) 私は昨日，ナオミに宿題を手伝ってくれないかと頼みました。

3番目(　　　)　5番目(　　　)

I（ア　with　イ　help　ウ　me　エ　my homework

オ　Naomi　カ　to　キ　asked）yesterday.　　　　（関西創価高）

(9) 私は見知らぬ男の人に話しかけられました。

4番目(　　　)　6番目(　　　)

（ア　by　イ　was　ウ　a　エ　to　オ　man

カ　spoken　キ　I　ク　strange）.　　　　　　　（初芝橋本高）

14 助動詞を使った連語 近道問題

1 次の各文の（　　）にあてはまるものを選びなさい。

(1) It's very cold here. （　　） I close the door?

　　ア　Am　　イ　Does　　ウ　May　　　　　　　　　　　（梅花高）

(2) （　　） go out for dinner tonight? — Yes, let's.

　　ア　May I　　イ　Must I　　ウ　Shall we　　　　　（近大附和歌山高）

(3) "（　　） you pass me the salt?" "All right."

　　ア　Will　　イ　May　　ウ　Must　　エ　Should

　　　　　　　　　　　　　　　　　　　　　　　　　　（大阪夕陽丘学園高）

(4) I （　　） like to have a cup of coffee with sugar.

　　ア　will　　イ　would　　ウ　can　　エ　could　　（近江兄弟社高）

(5) It's very hot. （　　） I open the window?

　　ア　Am　　イ　Shall　　ウ　Will　　エ　Do　　　　（初芝橋本高）

(6) *Jimmy:*　　Ms. Sato, （　　） you tell me how to use this computer?

　　Ms. Sato:　　Sure, it's not difficult. I'll show you.

　　ア　are　　イ　have　　ウ　should　　エ　could　　（宮城県）

(7) "（　　） I use this dictionary?" "Sure!"

　　ア　Did　　イ　Let's　　ウ　Am　　エ　Can　　　（清明学院高）

(8) Meg （　　） swim in the river when she was a child.

　　ア　used to　　イ　shall　　ウ　will　　エ　should　　（樟蔭高）

2 次の各組の文がほぼ同じ内容を表すように（　　）内に適当な語を書き入れなさい。

(1) Please start cooking now.

　　（　　） you （　　） cooking now?　　　　　　　（金光大阪高）

(2) Let's go to the zoo next Saturday.

　　（　　） （　　） go to the zoo next Saturday?　（大阪体育大学浪商高）

(3) Why don't we go shopping this Saturday?

　　（　　） （　　） go shopping this Saturday?　　（プール学院高）

(4) I want to visit New York someday.

I would（　　　）（　　　）visit New York someday.　　（大阪商大堺高）

(5) How about going shopping with me?

Would you（　　　）（　　　）go shopping with me?　（近大附和歌山高）

(6) Do you want me to open the curtains?

（　　　）（　　　）open the curtains?　　　　　　（賢明学院高）

3 次の日本文になるように（　　　）内の語句を並べかえ，（　　　）の中で指定の位置にくるものの記号を書きなさい。

(1) 今日の夕方，あなたの辞書をお借りしてもいいですか。

3番目（　　　）　5番目（　　　）

（ア　I　イ　this　ウ　may　エ　your　オ　borrow　カ　dictionary）evening?　　　　　　　　　（福岡工大附城東高）

(2) トムに私のノートを持ってくるよう言っていただけますか。

2番目（　　　）　5番目（　　　）

（ア　Tom　イ　you　ウ　bring　エ　would　オ　tell　カ　to）my notebook?

(3) デザートは何にしましょうか。2番目（　　　）　4番目（　　　）

（ア　like　イ　would　ウ　for　エ　what　オ　you）dessert?　　　　　　　　　　　　　　　　　　　（東海大付福岡高）

(4) お茶を一杯いかがですか。3番目（　　　）　5番目（　　　）

（ア　like　イ　have　ウ　tea　エ　would　オ　a cup of　カ　you　キ　to）?　　　　　　　　　　　（神戸弘陵学園高）

(5) 何をしたらいいのか教えてくれませんか。

3番目（　　　）　6番目（　　　）

（ア　what　イ　do　ウ　you　エ　to　オ　will　カ　tell　キ　me）?　　　　　　　　　　　　　　　　　（開智高）

15 時や場所を表す連語 近道問題

1 次の各文の（　　）にあてはまるものを選びなさい。

(1) The store is （　　　） the post office and the supermarket.

　ア　between　　イ　from　　ウ　to　　　　　　　　　（大阪府）

(2) John and Paul were the batterymates （　　　） that time.

　ア　in　　イ　on　　ウ　at　　　　　　　　（神戸国際大附高）

(3) Jane goes to school from Monday （　　　） Friday.

　ア　for　　イ　since　　ウ　in　　エ　to　　　（四條畷学園高）

(4) Don't worry, Kate. We'll be in （　　　） for the movie. The theater is very close.

　ア　head　　イ　time　　ウ　hour　　エ　distance　　（神戸野田高）

(5) （　　　） Nanami went to the park near her house to meet her friends.

　ア　Tomorrow　　イ　Two years　　ウ　One day　　エ　Some day

　　　　　　　　　　　　　　　　　　　　　　　　（大阪薫英女高）

2 日本文に合うように（　　）内に最も適当な語を入れなさい。

(1) 京都にはどのくらい滞在するつもりですか？

　How （　　　） are you going to stay in Kyoto?　　（京都外大西高）

(2) 彼はどこの出身ですか。

　Where does he come （　　　）?　　　　　　（中村学園女高）

(3) 私の前に立たないでください。

　Please don't stand （　　　） （　　　） of me.

(4) 彼は放課後，ギターを弾くのが好きです。

　He likes to play the guitar （　　　） （　　　）.　　（早稲田摂陵高）

(5) 私は家に帰る途中，彼女に会いました。

　I met her （　　　） my （　　　） home.　　（大阪信愛学院高）

(6) 私は昨日，病気で一日中寝ていました。

　I was sick in bed （　　　） （　　　） yesterday.　　（精華女高）

3 次の日本文の意味になるように（　　）内の語句を並べかえ,（　　）の中で
指定の位置にくるものの記号を書きなさい。

(1) 今朝, あなたは何時に起きましたか。3番目（　　）　5番目（　　）
　　（ア　did　　イ　get　　ウ　time　　エ　up　　オ　what
　　カ　you) this morning?　　　　　　　　　　　　　　　　（福岡工大附城東高）

(2) 父が先日, 私に1匹の猫を買ってくれた。
　　　3番目（　　）　5番目（　　）
　　My father（ア　the　　イ　cat　　ウ　other　　エ　bought
　　オ　a　　カ　me) day.　　　　　　　　　　　　　　　　（宮崎県[改題]）

(3) 学校の隣に図書館がある。3番目（　　）　5番目（　　）
　　（ア　to　　イ　there　　ウ　next　　エ　is　　オ　a library) the
　　school.　　　　　　　　　　　　　　　　　　　　（京都産業大附高[改題]）

(4) お久しぶりですね。2番目（　　）　4番目（　　）
　　I（ア　long　　イ　a　　ウ　haven't　　エ　for　　オ　you
　　カ　seen) time.　　　　　　　　　　　　　　　　　　（奈良大附高）

(5) この歌は世界中で歌われている。3番目（　　）　5番目（　　）
　　This song（ア　world　　イ　all　　ウ　is　　エ　over
　　オ　sung　　カ　the).　　　　　　　　　　　　　（関西福祉科学大学高）

(6) コンサートのチケットが入り次第, お知らせします。
　　　3番目（　　）　5番目（　　）
　　I'll tell you as（ア　I　　イ　the tickets　　ウ　as　　エ　soon
　　オ　get) for the concert.　　　　　　　　　　　　　（大阪偕星学園高）

(7) すぐに帰って, 医者に診てもらいなさい。3番目（　　）　6番目（　　）
　　Go（ア　at　　イ　home　　ウ　doctor　　エ　a　　オ　see
　　カ　once　　キ　and).　　　　　　　　　　　　　　　（橿原学院高）

(8) 彼は10歳の時, はじめてシンガポールを訪れました。
　　　3番目（　　）　6番目（　　）
　　He（ア　Singapore　　イ　time　　ウ　first　　エ　visited
　　オ　for the　　カ　the age　　キ　at) of ten.　　　　　　　（大阪高）

16 数量や数え方を表す連語 近道問題

1 次の各文の（　　）にあてはまるものを選びなさい。

(1) How (　　) is this T-shirt?

　　ア　often　　イ　far　　ウ　much　　エ　many　　（興國高）

(2) I saw (　　) children in the gym.

　　ア　a little　　イ　much　　ウ　a few　　（光泉カトリック高）

(3) I have (　　) time to talk with you.

　　ア　a lot　　イ　a few　　ウ　many　　エ　a little　　（四條畷学園高）

(4) You must drink (　　) milk every day.

　　ア　many　　イ　a few　　ウ　few　　エ　a lot of　　（浪速高）

(5) There were (　　) women at the party.

　　ア　much of　　イ　lots of　　ウ　any of　　エ　little of

　　　　　　　　　　　　　　　　　　　　　　　　　　　　（東福岡高）

(6) I have read (　　) of the books on the shelf.

　　ア　most　　イ　almost　　ウ　much　　エ　every

　　　　　　　　　　　　　　　　　　　　　　　　（智辯学園和歌山高）

(7) I want a (　　) of tea.

　　ア　pair　　イ　cup　　ウ　slice　　エ　piece　　（福岡大附若葉高）

(8) I drank (　　) yesterday.

　　ア　two coffees　　イ　two cup of coffees　　ウ　two cups of coffee

　　エ　two cups of coffees　　（大阪体育大学浪商高）

(9) Yesterday I went to a shopping mall to buy a (　　) of shoes.

　　ア　pair　　イ　one　　ウ　foot　　エ　sheet　　（早稲田摂陵高）

(10) Could you give me a (　　) of paper?

　　ア　little　　イ　piece　　ウ　pair　　エ　slice　　（四條畷学園高）

(11) (　　) Lisa and Beth came to Japan from Canada.

　　ア　Most　　イ　Both　　ウ　Either　　エ　Not　　（プール学院高）

(12) (　　) you or Tom has to do this work.

　　ア　Either　　イ　Both　　ウ　All　　エ　Every　　（筑陽学園高）

⒀　(　　　　) of them like playing basketball.

　　ア　One　　イ　Each　　ウ　Every　　エ　Both

（大阪体育大学浪商高）

⒁　I have two caps. One is black and (　　　　) is blue.

　　ア　the other　　イ　other　　ウ　another　　（光泉カトリック高）

2　次の日本文の意味になるように (　　　) 内の語句を並べかえ, (　　　) の中で指定の位置にくるものの記号を書きなさい。

⑴　もう一杯お茶をいかが？　4番目(　　　　)　6番目(　　　　)

　　(ア　you　　イ　cup　　ウ　tea　　エ　like　　オ　would

　　カ　another　　キ　of)？　　　　　　　　　　（関大第一高）

⑵　私に水を一杯ください。3番目(　　　　)　5番目(　　　　)

　　(ア　a　　イ　please　　ウ　of　　エ　give　　オ　glass

　　カ　me) water.　　　　　　　　　　　　　　（芦屋学園高）

⑶　彼女の部屋には50冊以上の本があります。

　　3番目(　　　　)　5番目(　　　　)

　　(ア　more　　イ　her　　ウ　has　　エ　than　　オ　room

　　カ　fifty) books.　　　　　　　　　　　（智辯学園和歌山高）

⑷　あなたの教室には何名の生徒がいますか。

　　3番目(　　　　)　6番目(　　　　)

　　(ア　there　　イ　classroom　　ウ　how　　エ　are　　オ　in

　　カ　many　　キ　your　　ク　students)？　　　（洛陽総合高）

⑸　先月, どれくらいのお金を使いましたか。

　　3番目(　　　　)　6番目(　　　　)

　　(ア　did　　イ　how　　ウ　last　　エ　money　　オ　month

　　カ　much　　キ　spend　　ク　you)？　　　　　　（大谷高）

⑹　教室には男子の三倍, 女子がいた。3番目(　　　　)　6番目(　　　　)

　　There (ア　many　　イ　three　　ウ　boys　　エ　as　　オ　as

　　カ　times　　キ　girls　　ク　were) in the classroom.　（久留米大附高）

17 その他の連語

1 次の各文の（　）にあてはまるものを選びなさい。

(1) We watched the baseball game (　　　) TV.

　　ア　at　　イ　on　　ウ　in　　エ　to　　　　　　（大阪夕陽丘学園高）

(2) He is not a singer (　　　) an actor.

　　ア　because　　イ　but　　ウ　if　　エ　so　　　（滋賀短期大学附高）

(3) I didn't go to see the baseball game (　　　) bad weather.

　　ア　next to　　イ　instead of　　ウ　because of

　　エ　at the end of

(4) Autumn gives us fruits, such (　　　) apples, grapes and pears.

　　ア　like　　イ　that　　ウ　so　　エ　as　　　　（橿原学院高）

(5) My father made the cake by (　　　).

　　ア　he　　イ　his　　ウ　him　　エ　himself

(6) I couldn't eat cheese (　　　), but now I can.

　　ア　at first　　イ　at first hand　　ウ　first of all

　　エ　for the first time　　　　　　　　　　　　　　（東山高）

(7) It was raining yesterday, so we went to see a movie (　　　) of playing baseball.

　　ア　afraid　　イ　instead　　ウ　because　　エ　fond　（羽衣学園高）

(8) Many people came to the theater one (　　　) another to watch the new movie.

　　ア　to　　イ　about　　ウ　after　　エ　on　　　（桃山学院高）

2 日本文に合うように（　）内に最も適当な語を入れなさい。

(1) 私はいくつかの都市を訪れたい。例えば，ニューヨークやパリです。

　　I want to visit some cities, (　　　) (　　　), New York and Paris.

(2) ここからその学校までどれくらいの距離がありますか。

　　(　　　) (　　　) is it from here to the school?

(3) 彼女は英語だけでなく中国語も話します。

　　She speaks (　　　) only English (　　　) also Chinese. （早稲田摂陵高）

(4) 私はサッカーやテニスなどが好きです。

I like soccer, tennis and （　　　　）（　　　　）.　　　　（開明高）

(5) 私もフランス語を話せません。

I can't speak French, （　　　　）.

(6) ジェーンは列車に乗るためにできるだけ早く走りました。

Jane ran as fast as （　　　　） to catch the train.　　　（京都外大西高）

(7) トムはいつも歩いて学校に行きます。

Tom always （　　　　）（　　　　） school （　　　　） foot.

(8) 彼をパーティーに誘ってみてはどうですか。

（　　　　）（　　　　）（　　　　） invite him to the party?　（近畿大泉州高）

3 次の日本文の意味になるように（　　　　）内の語句を並べかえ，（　　　　）の中で指定の位置にくるものの記号を書きなさい。

(1) 健は運転免許を取るのに十分な年齢です。

　　2番目（　　　　）　4番目（　　　　）

Ken （ア　is　　イ　enough　　ウ　get　　エ　to　　オ　old） a

driver's license.　　　　（中村学園女高）

(2) 彼は始発の列車に間に合うように早起きしました。

　　3番目（　　　　）　5番目（　　　　）

He （ア　early　　イ　up　　ウ　in　　エ　to　　オ　got

カ　order） catch the first train.　　　　（橿原学院高）

(3) このクラスではジェーンが一番足が速い。

　　4番目（　　　　）　6番目（　　　　）

（ア　faster　　イ　student　　ウ　other　　エ　Jane　　オ　any

カ　runs　　キ　than） in this class.　　　　（西南学院高）

(4) 最近，自分のスマートフォンで動画を作る人が増えています。

　　2番目（　　　　）　5番目（　　　　）

These days, （ア　making　　イ　with　　ウ　and more

エ　movies　　オ　people　　カ　more　　キ　are） their

smartphones.　　　　（ノートルダム女学院高）

18 よく出る会話表現 近道問題

● 次の会話文の（　　）にあてはまるものを選びなさい。

(1) "What is the date today?" — "(　　　　)"

ア It's Friday.　イ It's six thirty.　ウ It's snowing.

エ It's May 5th.　　　　　　　　　　　　　　　　(近大附和歌山高)

(2) A : What day is it today?

B : (　　　　).

ア It's noon　イ It's Wednesday　ウ It's 2020　エ It's hot

(大阪産業大附高)

(3) A : (　　　　)?

B : It's eight thirty.

ア May I ask you a favor　イ Is this your watch

ウ Do you have the time　　　　　　　　　　　　　(博多女高)

(4) A : Hello, this is Rina (　　　　).

B : Hello, this is Kento. Have you done the homework? I need your help.

ア speak　イ speaks　ウ speaking　エ to speak

(雲雀丘学園高)

(5) A : May I speak to Mary?

B : I'm sorry she's out. (　　　　)

ア Can I take a message?　イ Hold on, please.

ウ See you later.　エ Me, too.　　　　　　　　　(昇陽高)

(6) A : Can I talk to Mr. James?

B : I'm sorry, (　　　　).

ア this is he　イ you have the wrong number

ウ keep on talking　エ hang up, please　　　　　(育英高)

(7) A : May I help you?

B : (　　　　)

ア You're welcome.　イ It's my pleasure.　ウ I'm just looking.

エ Here you are.　　　　　　　　　　　　　　　(和歌山信愛高)

(8) A : Iced coffee, please.

B : (   ) or to go?

ア Here you are   イ For here   ウ No sugar

エ Follow me   （金光藤蔭高）

(9) A : How much is this T-shirt?

B : It's 2,000 yen.

A : OK. (   )

ア I'll wear it.   イ I'll give it.   ウ I'll use it.

エ I'll take it.   （大阪産業大附高）

(10) A : Jane, are you ready to go out?

B : (   )

ア On Sunday morning.   イ Just a moment.

ウ With my friend.   エ At ten.   （昇陽高）

(11) A : I'm going to Kyoto this weekend.

B : Really? (   ) a nice trip.

ア Be   イ See   ウ Go   エ Have   （京都文教高）

(12) "How (   ) do you go to the gym?" "Twice a week."

ア far   イ long   ウ much   エ often   （大阪青凌高）

(13) (   ) is the weather like today? — It's sunny.

ア When   イ How   ウ What   エ Where   （大谷高）

(14) A : Would you show me the way to the nearest station?

B : (   )

ア Yes, I do.   イ Yes, please.   ウ All right.

エ No, thank you.

(15) A : (   ) cook with me?

B : Sounds fun.

ア Why don't you   イ How about   ウ Shall I

エ Shall we   （大阪国際高）

(16) A : Why don't (   ) go and see the movie next Sunday?

B : Of course. What time shall we meet?

ア I   イ you   ウ we   エ they   （雲雀丘学園高）

(17) Shall we go shopping this weekend? — (   )

－ 37

ア　You're right.　　イ　No, it's not.　　ウ　Why not?

エ　Here it is.　　　　　　　　　　　　　　（奈良大附高）

⒅　A：　Pass me the sauce, please.

　　B：　（　　　）

ア　Sure. Here you are.　　イ　Me too. Thank you.

ウ　OK. Pass me the sauce.　　エ　I don't think so.　（筑紫女学園高）

⒆　A：　Can I eat the last piece of pizza?

　　B：　（　　　）. I've had enough.

ア　Of course not　　イ　Here we are　　ウ　Go ahead

エ　I'm sure　　　　　　　　　　　　　　（神戸龍谷高）

⒇　A：　I lost my phone in the train yesterday.

　　B：　（　　　）!

ア　That's too bad　　イ　Sure, I get it

ウ　Oh, you don't have to

㉑　A：　When did you start practicing kendo?

　　B：　（　　　）. I started it when I was five.

ア　You see　　イ　I see　　ウ　Let me see　　　　　（博多女高）

㉒　A：　I like soccer.

　　B：　Oh, （　　　） you?

ア　are　　イ　were　　ウ　do　　エ　will　　　（日ノ本学園高）

㉓　A：　Was the exam difficult?

　　B：　No, it was （　　　）

ア　a piece of cake.　　イ　a piece of the pie.　　ウ　a piece of sign.

エ　a piece of dream.　　　　　　　　　　　（興國高）

㉔　A：　Can you come to my house for dinner tonight?

　　B：　（　　　） I'm going to do my homework tonight.

ア　I'm glad to come.　　イ　Yes, I can.　　ウ　Sure.

エ　I'm afraid I can't.　　　　　　　　　　（大阪信愛学院高）

㉕　A：　Would you mind closing the window?

　　B：　（　　　）

ア　Yes, please.　　イ　Not at all.　　ウ　Yes, let's.

エ　That's right.　　　　　　　　　　　　（賢明学院高）

これだけは覚えておきたい！！ 会話表現

 挨 拶 ・ お 礼 ・ 謝 罪

Have a nice day! — The same to you.
よい一日を。— あなたも。

Thank you for your help. — You're welcome.
助けてくれてありがとう。— どういたしまして。

I'm sorry to be late. — No problem.
遅れてすみません。— 問題ないですよ。

電 話

May I speak to Tom? — Speaking.
トムさんはいらっしゃいますか。— 僕です。

You have the wrong number.
番号をお間違えです。

プラスα

be out	外出中である
call back	電話をかけなおす
hang up	電話を切る
hold on	電話を切らずに待つ

Shall I take a message?
伝言をお預かりしましょうか。

Can I leave a message?
伝言をお願いできますか。

 買 物 ・ 注 文

May I help you? — I'm just looking. / I'm looking for a T-shirt.
何かおさがしですか。— 見ているだけです。／Tシャツをさがしています。

Please show me another one.
私に別のものを見せてください。

May I try this on?
これを試着してもいいですか。

Two hamburgers, please. — Anything else?
ハンバーガーを2つください。— 他には何かございますか。

That's all.
それだけです。

 依 頼 ・ 勧 誘

Shall we eat Japanese food for dinner? — Yes, let's.
夕食には和食を食べましょうか。— そうしましょう。

Please help yourself to the cake. — Thank you.
ケーキを自由にとって食べてくださいね。— ありがとう。

How can I get to the city library?
市立図書館へはどのようにして行くことができますか。

Please tell me the way to the hospital.
病院への道を教えてください。

Turn left at the second corner.
2つ目の角を左に曲がってください。

I've had a stomachache. — That's too bad.
おなかが痛いのです。— それはお気の毒に。

Passport, please. — Here you are.
パスポートをお願いします。— はい，どうぞ。

プラスα

I think so, too.	私もそう思います。
Just a minute.	少しお待ちください。
Of course.	もちろんです。
Really?	本当ですか。
Sounds good.	よさそうですね。

疑問詞を使った連語

□ How about ～?	～はいかがですか。
How about a cup of tea?	お茶を一杯いかがですか。
□ How many ～?	いくつの～，何人の～
How many people are there in your city?	あなたの市には何人いますか。
□ How much ～?	いくらの～
How much is it?	それはいくらですか。
□ How often ～?	何回～，どのくらいの頻度で～
How often do you play soccer in a week?	あなたは週に何回サッカーをしますか。
□ How far ～?	どのくらいの距離に～
How far is it from here to your house?	ここからあなたの家まではどのくらいの距離ですか。
□ How long ～?	どのくらいの時間～
How long have you stayed in London?	あなたはどのくらいロンドンに滞在していますか。
□ How soon ～?	どのくらいすぐに～
How soon will the concert start?	コンサートはあとどのくらいで始まりますか。
□ Why don't you ～?	（あなたは）～しませんか。
Why don't you eat this cake?	このケーキを食べませんか。
□ Why don't we ～?	（私たちは）～しませんか。
Why don't we go shopping together?	一緒に買い物に行きませんか。

解答・解説
近道問題

1. 意味とつづり

1 (1) (S)u(nday)　(2) (z)oo　(3) (n)ig(ht)　(4) (ad)dr(ess)　(5) (he)a(da)ch(e)

2 (1) lunch　(2) picture (または, photo)　(3) believe

3 (1) 泳ぐ　(2) 深い　(3) 色　(4) 水　(5) 息子　(6) feel　(7) easy　(8) egg　(9) season

4 (1) (l)anguage　(2) (d)rink　(3) (b)uilding　(4) (t)ime　(5) (h)ead

5 (1) ア　(2) エ　(3) ア

6 (1) ウ　(2) ア　(3) ウ　(4) イ　(5) イ　(6) イ

7 (1) ウ　(2) イ　(3) エ　(4) ア　(5) ウ

8 (1) second　(2) cloudy　(3) dream　(4) ticket

◇ 解説 ◇

4 (1) 日本語, フランス語, 英語, 中国語に関連することばは「言語」。

(2) 水, コーヒー, ジュース, 牛乳に関連することばは「飲み物」。

(3) 図書館, 美術館, 学校, 病院に関連することばは「建物」。

(4) 時間, 分, 秒, 時計に関連することばは「時刻」。

(5) 目, 鼻, 髪の毛, 耳に関連することばは「頭」。

5 (1) empty =「空の」。反意語は「いっぱいの」という意味の full。

(2) peace =「平和」。反意語は「戦争」という意味の war。

(3) quiet =「静かな」。反意語は「うるさい」という意味の loud。

6 (1) cap =「帽子」。他はすべて体の部位。

(2) him =「彼を(または, 彼に)」。他はすべて「私」に関係する代名詞。

(3) bicycle =「自転車」。他はすべて文房具。

(4) egg =「たまご」。他はすべて飲み物。

(5) December =「12月」。他はすべて曜日名。

(6) pet =「ペット」。他はすべて動物名。

7 (1) fruit =「果物」。lemon =「レモン」。

(2) color =「色」。purple =「紫」。エの oranges は複数形なので, 果物の「オレンジ」を表す。「オレンジ色」を表す場合は数えられない名詞なので, s が不要。

(3) clothing =「衣類」。tie =「ネクタイ」。

(4) job =「仕事」。cook =「料理人」。

(5) furniture =「家具」。table =「テーブル」。

8 (1)「2月は1年で2番目の月です」。「2番目の」= second。

(2)「午前中は曇りでしょう」。「曇りの」= cloudy。

(3)「『僕には夢があります』と彼が言いました」。「夢」= dream。

(4)「私は東京行きの電車の切符を買います」。「切符」= ticket。

┃ 2．定義文の単語化① ┃

1 (1) ウ (2) ア (3) ウ (4) エ

2 (1) ウ (2) エ (3) イ (4) ア (5) ウ (6) イ

3 (1) elephant (2) April (3) doctor (4) winter

4 (1) January (2) Thursday (3) ear〔s〕 (4) clock

5 (1) (a)unt (2) (a)ctor (3) (h)ungry (4) (b)aby

6 (1) イ (2) エ (3) オ

◇ 解説 ◇

1 (1)「1 年の 10 番目の月は 10 月です」。「10 月」= October。

(2)「教師は学校で教えます」。「学校」= school。

(3)「休暇には人々は仕事や学校に行きません」。「休暇」= vacation。

(4)「1 世紀は 100 年です」。「100 年」= one hundred years。

2 (1) 1 年の日，週，月を表示し，ふつう壁にかかっているものは「カレンダー」。

(2) 1 枚の特殊なガラスで，その中に自分の姿を見ることができるものは「鏡」。

(3) 人々が電車に乗ったり電車を降りたりすることができる場所は「駅」。

(4) 牛乳や牛肉を得るために農場で飼われている大きな動物は「牛」。

(5) 腕の先にあり指がついている体の部分は「手」。

(6) 物を切るための鋭い金属の物体は「ナイフ」。

3 (1) 長い鼻を持つとても大きな動物は「象」。(2) 1 年で 4 番目の月は「4 月」。

(3) 病気の人を診るのは「医師」。(4) 秋のあとに来る季節は「冬」。

4 (1)「1 年の最初の月」=「1 月」。(2)「金曜日の前にくる曜日」=「木曜日」。

(3)「聞くためにある身体の部分」=「耳」。(4)「私たちに時間を知らせてくれるもの」=「時計」。

5 (1)「父親か母親の姉妹」→「おば」。(2)「劇や映画で演じる人」→「俳優」。

(3)「何かを食べたがっている」→「空腹な」。

(4)「まだ話したり歩いたりすることを学んでいないとても幼い子ども」→「赤ん坊」。

6 (1)「ものを収集して，一緒にする」→「集める」。

(2)「海で泳ぐが飛ぶことができない黒と白の大きい鳥」→「ペンギン」。

(3)「茶色になるまで調理された 1 枚のパン」→「トースト」。

３．定義文の単語化②

１ (1) ウ　(2) イ　(3) ウ　(4) エ　(5) ア

２ (1) Tuesday　(2) library　(3) umbrella　(4) delicious

３ (1) banana〔s〕　(2) tennis　(3) elephant〔s〕　(4) classroom〔s〕

４ (1) toy　(2) sky　(3) hospital　(4) passport

５ (1) summer　(2) plane（または，airplane）　(3) window

６ (1) share　(2) money　(3) volleyball

◇ 解説 ◇

１ (1) 野菜として食べられたり料理されたりする丸くてやわらかな赤い果実→「トマト」。

(2) 黒色と白色の鍵盤を持つ大きな楽器→「ピアノ」。

(3) 一人の人が座るための家具で，背もたれと座部と４本の脚がある→「椅子」。

(4) 長くとがった口を持つ，大きな魚のようなとても賢い海洋動物→「イルカ」。

(5) 特別に作られた水で一杯のもので，人々がその中で泳いだり遊んだりできるもの→「プール」。

２ (1)「水曜日は『火曜日』のあとにくる」。

(2)「私たちは『図書館』から本を借りることができる」。

(3)「私たちは雨の日に『傘』を使う」。

(4)「私たちはレストランで『おいしい』食べ物を食べることができる」。

３ (1) 黄色い皮の長い熱帯の果物で，サルはそれが大好きである→「バナナ」。

(2) やわらかいボールを打つためにラケットを使う，２人，あるいは２組のペアの選手のためのスポーツ→「テニス」。

(3) ４本の脚と長い鼻を持つ，とても大きな灰色の動物→「象」。

(4) 学校にある，人々が授業を受ける部屋→「教室」。

４ (1) 子どもたちは楽しみのために「これ」を使って遊ぶ→「おもちゃ」。

(2) 見上げたとき，「そこ」に雲や太陽，月，そして星が見える→「空」。

(3) 病気のとき，「そこ」へ行く→「病院」。

(4) ある国に入ったり，出たりするとき，「これ」を見せなければならない→「パスポート」。

５ (1) 四季のうちで最も暑い季節で，春と秋の間にある→「夏」。

(2) 多くの乗客が中にいて，それを使って外国に行くことができる，空を飛ぶもの→「飛行機」。

(3) 家の中にあり，そこから日光を取り入れる。新鮮な空気を取り入れるためにそれを開ける。家の出入りにはふつう使わない→「窓」。

６ (1)「他の人々と一緒に何かを所有したり使ったりすること」→「共有する」。

(2)「働くことによって得て，ものを買うために使うことができる」→「お金」。

(3)「高いネットの上でボールを打つために手を使う，２つのチームによる試合」→「バレーボール」。

4．相関単語表

⑴ studies　⑵ bought　⑶ beginning　⑷ felt　⑸ cried　⑹ done　⑺ broke

⑻ worn　⑼ caught　⑽ given　⑾ prettier　⑿ happiest　⒀ less　⒁ better

⒂ worst　⒃ third　⒄ second　⒅ fifth　⒆ twelfth　⒇ thousand　㉑ cities

㉒ boxes　㉓ leaves　㉔ knives　㉕ feet　㉖ children　㉗ women　㉘ hospital

㉙ vegetable　㉚ scientist　㉛ Asia　㉜ its　㉝ his　㉞ ours　㉟ themselves

㊱ daughter　㊲ east　㊳ sell　㊴ forget　㊵ difficult（または，hard）　㊶ different

㊷ cheap　㊸ light　㊹ much　㊺ unhappy

◇ 解説 ◇

⑴ 三人称単数現在形にする。〈子音字＋y〉で終わる語の動詞は，yをiに変えてesをつける。

⑵ 過去分詞にする。buy‐bought‐bought と活用する。

⑶ ～ing形にする。nが重なることに注意する。

⑷ 過去形にする。feel‐felt‐felt と活用する。

⑸ 過去形（過去分詞）にする。〈子音字＋y〉で終わる動詞は，yをiに変えてedをつける。

⑹ 過去分詞にする。do‐did‐done と活用する。

⑺ 過去形にする。break‐broke‐broken と活用する。

⑻ 過去分詞にする。wear‐wore‐worn と活用する。

⑼ 過去形にする。catch‐caught‐caught と活用する。

⑽ 過去分詞にする。give‐gave‐given と活用する。

⑾ 比較級にする。〈子音字＋y〉で終わる形容詞は，yをiに変えてerをつける。

⑿ 最上級にする。〈子音字＋y〉で終わる形容詞は，yをiに変えてestをつける。

⒀ 比較級にする。little‐less‐least と活用する。

⒁ 比較級にする。good‐better‐best と活用する。

⒂ 最上級にする。bad‐worse‐worst と活用する。

⒃ 序数詞を答える。「1」に対して「1番目の」。「3」に対して「3番目の」。

⒄ 序数詞を答える。「10」に対して「10番目の」。「2」に対して「2番目の」。

⒅ 序数詞を答える。「8」に対して「8番目の」。「5」に対して「5番目の」。

⒆ 「9月」に対して「9番目の」。「12月」に対して「12番目の」。序数詞を答える。

⒇ 英語のつづりにする。

㉑ 複数形にする。〈子音字＋y〉で終わる名詞は，yをiに変えてesをつける。

㉒ 複数形にする。xで終わる名詞にはesをつける。

㉓ 複数形にする。語尾のfをとってvesをつける。

㉔ 複数形にする。語尾のfeをとってvesをつける。

㉕ 複数形にする。footの複数形はfeet。

㉖ 複数形にする。childの複数形はchildren。

(27) 複数形にする。woman の複数形は women。

(28)「先生」に対して「学校」。「看護師」に対して「病院」。

(29)「イチゴ」に対して「果物」。「タマネギ」に対して「野菜」。

(30)「音楽」に対して「音楽家」。「科学」に対して「科学者」。人を表す名詞にする。

(31)「フランス」に対して「ヨーロッパ」。「インド」に対して「アジア」。

(32)「彼らは」に対して「彼らの」。「それは」に対して「それの」。所有格にする。

(33)「彼女を」に対して「彼女のもの」。「彼を」に対して「彼のもの」。所有代名詞にする。

(34)「私は」に対して「私のもの」。「私たちは」に対して「私たちのもの」。所有代名詞にする。

(35)「私は」に対して「私自身」。「彼らは」に対して「彼ら自身」。再帰代名詞にする。

(36) 対義語を答える。son（息子）の対義語は daughter（娘）。

(37) 対義語を答える。west（西）の対義語は east（東）。

(38) 対義語を答える。buy（買う）の対義語は sell（売る）。

(39) 対義語を答える。remember（覚えている）の対義語は foget（忘れる）。

(40) 反意語を答える。easy（簡単な）の反意語は difficult（難しい）。

(41) 反意語を答える。same（同じ）の反意語は different（異なった）。

(42) 反意語を答える。expensive（高価な）の反意語は cheap（安い）。

(43) 反意語を答える。heavy（重い）の反意語は light（軽い）。

(44) 反意語を答える。few と many はともに数えられる名詞を修飾する。数えられない名詞を修飾する little（ほとんどない）の反意語は much（多くの）。

(45) 打ち消し語にする。happy（幸せな）は頭に un をつける。

5. 共通語と同音異義語

1 (1) light　(2) order　(3) fall　(4) close　(5) cold　(6) change　(7) too　(8) watch
(9) kind　(10) leaves　(11) right　(12) catch
2 (1) read, red　(2) hours, ours　(3) peace, piece　(4) right, write　(5) threw, through
(6) hear, here　(7) see, sea　(8) son, sun　(9) blew, blue　(10) wood, Would
(11) One, won　(12) there, their　(13) weak, week　(14) know, no

◇ 解説 ◇

1 (1)「暗くなってきています。明かりをつけてくれませんか？」。「その机はとても軽かったので，私はひとりでそれを移動させることができた」。「明かり」，「軽い」= light。
(2)「このパソコンを使うことはできません。それは故障中です」。「ご注文をお聞きしてもよろしいですか？　何になさいますか？」。「故障中」= out of order。「注文」= order。
(3)「気を付けないとトムは木から落ちてしまうでしょう」。「私は夏よりも秋の方が好きで

す」。「落ちる」= fall off。「秋」= fall。

(4)「どうぞ窓を閉めてください」。「私の家は西新駅にとても近いです」。「閉める」= close。「～に近い」= close to ～。

(5)「私は風邪をひいているので，今日は学校へ行くことができません」。「とても寒いので，上着を着た方がいいですよ」。「風邪をひいている」= have a cold。「寒い」= cold。

(6)「私の兄は来月仕事を変えるでしょう」。「だからおつりは 400 円でした」。「変える」，「おつり」= change。

(7)「その犬は年老いて，弱ってもいた」。「私は疲れすぎて速く歩けなかった」。「～も，そのうえ」= too。「～すぎて…できない」= too ～ to …。

(8)「私はテレビで野球の試合を見たい」。「父はすてきな腕時計を買ってくれた」。「見る」，「腕時計」= watch。

(9)「あなたは親切にも私に道を教えてくれた」。「私はこの種類の花を今まで見たことがない」。「親切だ」，「種類」= kind。

(10)「地面は多くの葉で覆われている」。「私の兄は毎日朝早く学校に向けて出発する」。「葉」= leaf。複数形は leaves。「～に向けて出発する」= leave for ～。

(11)「彼は右手に本を持っている」。「私はまだ正しい答えを見つけていない」。「右の」，「正しい」= right。

(12)「急ぎなさい，そうすればバスに間に合うでしょう」。「放課後にキャッチボールをしましょう」。「バスに間に合う」= catch the bus。「キャッチボールをする」= play catch。

2 (1)「先週，私はハリーポッターの本を 4 冊『読んだ』」。「それはとても大きくて『赤い』です！」。

(2)「私は昨日 9『時間』眠った」。「ああ，それは『私たちのもの』です」。

(3)「多くの人々は世界『平和』を望んでいる」。「彼は私に『一切れの』ケーキをくれた」。「一切れの～」= a piece of ～。

(4)「あなたの『右側』に高い建物が見つかるでしょう」。「どうか私に手紙を『書いて』ください」。

(5)「だれが窓からカンを『投げた』のですか？」。throw の過去形になる。「その列車は長いトンネルを『通り抜け』た」。「～を通り抜ける」= go through ～。

(6)「私はあなたの言ったことが『聞こえ』なかった」。「彼は 2 日前に『ここに』来た」。

(7)「彼女は私がいつも図書館で『会う』女の子だ」。「『海』の底には魚がいますか？」。

(8)「彼女の『息子』は教師だ」。「春の『太陽』は私を暖かくする」。

(9)「昨夜，私たちの町に強い風が吹いた」。blow の過去形になる。「『青い』目をしたその女の子は彼の妹だ」。

(10)「父は椅子を作るためにいくつかの『木』を切った」。「紅茶を 1 杯飲みませんか？」。「～したいですか？」= Would you like to ～?。

(11)「彼は 2 台の自転車を持っている。『1 つ』は赤色で，もう 1 つは白色だ」。「一方は～で

他方は…」= one ～ the other …。「とうとう，彼はスピーチコンテストで『優勝した』」。win の過去形になる。

⑿「クミは 2 年前に『そこに』転居した」。「彼らは『彼らの』仕事を終えることができなかった」。

⒀「ライオンは強いけれど，ウサギは『弱い』」。「私は来『週』，祖母を訪ねる予定だ」。

⒁「あなたはベルリンの壁が 30 年前に壊されたことを『知って』いましたか？」。「冬だったので，庭には花が『1 つもなかった』」。否定の形容詞を入れる。

６．発　音 ①

1 (1) × (2) × (3) ○ (4) ○ (5) ×

2 (1) ○ (2) × (3) × (4) ○

3 (1) × (2) ○ (3) × (4) ○

4 (1) ○ (2) × (3) ○ (4) ×

5 イ・オ・キ

6 (1) ウ (2) エ (3) イ

7 (1) エ (2) イ (3) ア

8 (1) エ (2) ア (3) ウ (4) エ

9 (1) イ (2) エ (3) ウ (4) ア

◇ 解説 ◇

1 (1) hobby の下線部の発音は[ɑ]，most の下線部の発音は[ou]。

(2) heard の下線部の発音は[əːr]，near の下線部の発音は[iər]。

(3) どちらも下線部の発音は[iː]。

(4) どちらも下線部の発音は[ei]。

(5) weeks の下線部の発音は[s]，rivers の下線部の発音は[z]。

2 (1) 両方とも[ai]。(2) 上は[z]，下は[s]。

(3) 上は[d]，下は[id]。(4) 両方とも[u]。

3 (1) [e]と[ei]。(2) 両方とも[ɔː]。(3) [ou]と[ɔː]。(4) 両方とも[ʌ]。

4 (1) 両方とも[iː]。(2) 上は発音しない。下は[k]。(3) 両方とも[ʌ]。(4) [ɔː]と[ou]。

5 アは [u]と[ʌ]。イはどちらも[ʌ]。ウは [ai]と[ə]。エは [t]と[id]。オはどちらも[z]。カは [ou]と[ɔ]。キはどちらも[θ]。クは [iə]と[eə]。

6 (1) ウは[ʃ]，他はすべて[k]。(2) エは[id]，他はすべて[t]。(3) イは[e]，他はすべて[ei]。

7 (1) エは[uː]，他はすべて[u]。(2) イは[ð]，他はすべて[θ]。

(3) アは[ɑːr]，他はすべて[əːr]。

8 (1) エは[i]，他はすべて[ai]の発音。(2) アは[d]，他はすべて[t]の発音。

(3) ウは[u]，他はすべて[u:]の発音。(4) エは[ʌ]，他はすべて[u:]の発音。

9 (1) イのみ[f]，他はすべて発音しない。(2) エのみ[ɑːr]，他はすべて[əːr]の発音。

(3) ウのみ[iː]，他はすべて[e]の発音。(4) アのみ[i]，他はすべて[ai]の発音。

┃ 7. 発音 ②

1 (1) イ　(2) イ

2 (1) ア　(2) ウ　(3) イ

3 (1) イ　(2) ウ　(3) ア　(4) ア

4 (2)・(3)・(5)

5 (1) ○　(2) ×　(3) ○　(4) ○　(5) ×

◇ 解説 ◇

1 (1) イは[e]，他はすべて[ei]の発音。(2) イは[ɔː]，他はすべて[ou]の発音。

2 (1) 見出し語の下線部は[ziz]の発音。ア以外はすべて[siz]の発音。

(2) 見出し語の下線部は[ð]の発音。ウ以外はすべて[θ]の発音。

(3) 見出し語の下線部は[au]の発音。イ以外はすべて[ou]の発音。

3 (1) [e]の発音を選ぶ。アは[ei]，ウは[æ]，エは[əːr]の発音。

(2) [u]の発音を選ぶ。ア，エは[ʌ]，イは[uː]の発音。

(3) [ai]の発音を選ぶ。イ，エは[iː]，ウは[i]の発音。

(4) [t]の発音を選ぶ。イは[id]，ウ，エは[d]の発音。

4 (1) [hɑːrd]と[həːrd]。(2) どちらも[wʌn]。(3) どちらも[eit]。

(4) [wəːrk]と[wɔːk]。(5) どちらも[red]。(6) [bout]と[bɔːt]。

5 (1) read は三人称単数のsがないので過去形。両方とも[e]。

(2) [ɔː]と[ou]。(3) 両方とも[njuː]。(4) 両方とも[e]。(5) [ʃ]と[s]。

┃ 8. アクセント①

1 (1) イ　(2) イ　(3) イ

2 (1) ア　(2) エ　(3) ア

3 (1) ア　(2) イ　(3) イ　(4) イ　(5) イ

4 (1) イ　(2) イ　(3) ウ　(4) ウ　(5) ア

5 (1) イ　(2) ア　(3) ア　(4) ア　(5) イ

6 (1) ア　(2) ア　(3) イ

7 (1) イ　(2) ウ

8 エ・オ・キ・コ

9 エ・キ・ク

10 ウ・エ・オ

◇ **解説** ◇

7 (1) イのみ第1音節，他はすべて第2音節にアクセント。

(2) ウのみ第1音節，他はすべて第2音節にアクセント。

8 エ・オ・キ・コ以外はすべて第1音節を最も強く発音する。

9 ア・イ・ウ・カは第1音節に，オは第2音節にそれぞれアクセントがある。

10 イ・クは第1音節，ア・カ・キは第2音節を最も強く発音する。

9. アクセント②

1 (1) ウ　(2) エ　(3) ウ

2 (1) エ　(2) ウ　(3) イ

3 (1) イ　(2) ア　(3) エ　(4) ウ

4 (1) ア　(2) イ　(3) ア

5 (1) ○　(2) ア　(3) ×　(4) ○　(5) イ

6 (1) ○　(2) ×　(3) ウ　(4) ア　(5) ウ　(6) ○

◇ **解説** ◇

1 (1) ウは第1音節，他はすべて第2音節を強く発音する。

(2) エは第1音節，他はすべて第2音節を強く発音する。

(3) ウは第2音節，他はすべて第1音節を強く発音する。

2 (1) エのみ第2音節，他はすべて第1音節にアクセント。

(2) ウのみ第3音節，他はすべて第2音節にアクセント。

(3) イのみ第3音節，他はすべて第2音節にアクセント。

3 (1) イは第2音節，他はすべて第1音節を最も強く発音する。

(2) アは第3音節，他はすべて第2音節を最も強く発音する。

(3) エは第2音節，他はすべて第1音節を最も強く発音する。

(4) ウは第3音節，他はすべて第2音節を最も強く発音する。

4 (1) アは第2音節，他はすべて第3音節を強く発音する。

(2) イは第1音節，他はすべて第2音節を強く発音する。

(3) アは第4音節，他はすべて第3音節を強く発音する。

5 (1) すべて第2音節にアクセント。

(2) アのみ第2音節，他は第1音節にアクセント。

(3) アは第1音節，イは第2音節，ウは第3音節にアクセント。

(4) すべて第1音節にアクセント。

(5) イのみ第1音節，他は第3音節にアクセント。

6 (1) すべて第2音節にアクセント。

(2) アは第2音節，イは第3音節，ウは第1音節にアクセント。

(3) ウのみ第2音節，他はすべて第1音節にアクセント。

(4) アのみ第1音節，他はすべて第2音節にアクセント。

(5) ウのみ第1音節，他はすべて第2音節にアクセント。

(6) すべて第2音節にアクセント。

10. be動詞を使った連語①

1 (1) ア (2) ウ (3) ア (4) エ (5) イ (6) ア (7) エ (8) エ (9) エ (10) イ (11) ア (12) ウ (13) ア (14) イ (15) イ (16) イ (17) エ

2 (1) good (2) born, on (3) surprised (4) interested, in (5) kind, to, children (6) famous, for (7) ready（または，prepared），for (8) proud, of

◇ 解説 ◇

1 (1)「明日学校に遅刻してはいけません」。「～に遅刻する」= be late for ～。

(2)「彼は湖で魚を釣るのが大好きである」。「～するのが好きだ」= be fond of ～ing。

(3)「私の娘は犬が好きではない。彼女は犬が怖いのだ」。「～を怖がる」= be afraid of ～。

(4)「彼は私とは違う。彼は親切だ」。「～と異なる」= be different from ～。

(5)「宮城での新生活はどうですか？」─「とても快適です。近所の人たちが私にとても親切にしてくれます」。「～に親切にする」= be kind to ～。

(6)「ボブは昨日学校を休んだ」。「～を休む」= be absent from ～。

(7)「その電車は外国人でいっぱいだった」。「～でいっぱいだ」= be full of ～。

(8)「公園は子どもたちでいっぱいでした」。「～でいっぱいだ」= be filled with ～。

(9)「私はその良い知らせに興奮していました」。「～に興奮している」= be excited at ～。

(10)「彼の名前はこの学校の全員に知られています」。「～に知られている」= be known to ～。

(11)「トムは彼の美しい絵で知られています」。「～で知られている」= be known for ～。

(12)「富士山は雪で覆われている」。「～で覆われている」= be covered with ～。

(13)「私たちは新しい家に満足しています」。「～に満足している」= be pleased with ～。

(14)「このジャムはブルーベリーと砂糖で作られています」。「～(原料)で作られている」= be made from ～。

(15)「この机は木でできている」。「～(材料)でできている」= be made of ～。

⑯「オレンジはジュースになる」。「～に作りかえられる，～になる」＝ be made into ～。

⑰「お昼休みは終わりです。すぐに教室に戻るべきです」。「～が終わって」＝ be over。

2 (1)「～することが得意である，上手に～する」＝ be good at ～ing。

(2)「生まれる」＝ be born。「何月何日に」＝ on ～。

(3)「～に驚く」＝ be surprised at ～。(4)「～に興味がある」＝ be interested in ～。

(5)「～に親切だ」＝ be kind to ～。(6)「～で有名である」＝ be famous for ～。

(7)「～の準備ができている」＝ be ready for ～。(8)「～を誇りに思う」＝ be proud of ～。

11. be動詞を使った連語②

1 (1) fond, of　(2) was, born　(3) is, known　(4) made, from　(5) different, from

(6) sure, she, is

2 (それぞれ順に) (1) エ，ウ　(2) ウ，オ　(3) ア，イ　(4) エ，ウ　(5) オ，キ　(6) ウ，イ

(7) キ，ウ　(8) ア，イ

3 (例) (1) I'm glad to meet you.　(2) My mother is good at English.

(3) Go to bed early, or you will be late for school.

(4) Are you interested in studying English?

(5) The school bus was crowded with many students.

◇ 解説 ◇

1 (1)「彼は絵を描くことが好きです」。「～が好きだ」＝ be fond of ～。

(2)「私の娘は3歳だ」→「私の娘は3年前に生まれた」。「生まれる」＝ be born。

(3)「世界中の多くの人々がこの歌を知っています」→「この歌は世界中の多くの人々に知られています」。受動態〈be動詞＋過去分詞〉を用いて表す。「～に知られている」＝ be known to ～。

(4)「彼らは米で酒を作っている」→「酒は米から作られている」。「(原料の)～から作られる」＝ be made from ～。

(5)「あなたの考えは私のものと同じではない」→「あなたの考えは私のものと異なっている」。「～と異なっている」＝ be different from ～。

(6)「彼女は歯医者に違いない」→「私は彼女が歯医者だと確信している」。「～だと確信している」＝ be sure that ～。接続詞の that は省略可能。

2 (1)「～に親切にしなさい」＝ be kind to ～。Be kind to old people. となる。

(2)「～して申し訳ない」＝ be sorry for ～ing。I am very sorry for coming late to the meeting. となる。

(3)「劇場は若い女性でいっぱいだった」と考える。「～でいっぱいだ」＝ be full of ～。The theater was full of young women. となる。

(4) 現在完了の継続用法の文である。「～を欠席している，～を休んでいる」= be absent from ～。Tom has been absent from school for three days.となる。

(5)「～を自慢する」= be proud of ～。「父親に買ってもらった時計」= the watch his father bought him。Tom is proud of the watch his father bought him.となる。

(6) 主格の関係代名詞 that を使った文である。「～で有名だ」= be famous for ～。Yasushi found a restaurant that is famous for its pizza.となる。

(7)「残念ながら～です」= I'm afraid that ～。I'm afraid that I can't help you today. となる。

(8) that は主格の関係代名詞で temple を修飾する。「～で覆われている」= be covered with ～。In Kyoto, you can see a beautiful temple that is covered with gold.となる。

3 (1)「～してうれしい」= be glad to ～。(2)「～が得意である」= be good at ～。

(3)「～しなさい，さもないと…」=〈命令文, or …〉。「～に遅刻する」= be late for ～。

(4)「～することに興味がある」= be interested in ～ing。

(5)「～で混んでいる」= be crowded with ～。

┃ 12. 一般動詞を使った連語① ┃

1 (1) had, time　(2) go, fishing　(3) do, best　(4) belong　(5) help　(6) wrote, to　(7) speak　(8) took, care　(9) looking, forward

2 (1) エ　(2) ア　(3) ウ　(4) ア　(5) イ　(6) ア　(7) エ　(8) イ　(9) イ　(10) ウ　(11) エ　(12) イ　(13) イ　(14) イ　(15) ア

◇ **解説** ◇

1 (1)「楽しい時を過ごす」= have a good time。(2)「釣りに行く」= go fishing。

(3)「最善を尽くす」= do one's best。(4)「～に所属する」= belong to ～。

(5)「～を自由に取って食べる」= help oneself to ～。

(6)「～に手紙を書く」= write to ～。過去形の文。

(7)「(電話で)～をお願いします」= May I speak to ～?。

(8)「～の世話をする」= take care of ～。過去形の文。

(9)「～を楽しみにする」= look forward to ～。is があるので現在進行形にする。

2 (1)「私の仕事を手伝ってくれませんか？」。「～の…を手伝う」= help ～ with …。

(2)「だれがその赤ん坊の世話をしますか？」。「～の世話をする」= look after ～。

(3)「私の鍵を見ましたか？　私はそれを探しています」。「～を探す」= look for ～。

(4)「私は風邪をひきたくないので，しばしば手を洗います」。「風邪をひく」= catch a cold。have a cold はすでに風邪をひいているときに使う表現なので，文脈に合わない。

(5)「私はロンドンで育ち，5年前に大阪に来ました」。「育つ」= grow up。

(6)「私は次の夏，友人たちと一緒に北海道へ旅行に行くつもりです」。「～へ旅行に行く」＝ go on a trip to ～。

(7)「ケンはふつう午前 6 時に目覚めます」。「目が覚める」＝ wake up。

(8)「私たちが駅に到着してすぐに，雨が降り出しました」。「～に到着する」＝ arrive at ～。

(9)「バスが来ました！　繁華街行きのそのバスに乗りましょう」。「～に乗る」＝ get on ～。

(10)「あなたはどこでバスを降りるのですか？」。「～を降りる」＝ get off ～。

(11)「今日，外はとても寒いです。あなたはセーターを着るべきです」。「～を着る」＝ put on ～。

(12)「この部屋はとても暑いですね？」—「はい，本当に暑いです。上着を脱ぎましょうか？」。「～を脱ぐ」＝ take off ～。

(13)「若者はチャンスがあるなら海外へ行くべきだと思います」—「あなたに同意します。その経験は将来，役に立つでしょう」。「～に同意する」＝ agree with ～。

(14)「私は今日，外出する気分ではありません」。「～したい気分だ」＝ feel like ～ing。

(15)「私は学校から家に帰る途中で見知らぬ人に話しかけられました」。「～に話しかける」＝ speak to ～。受動態では be spoken to by ～の語順となる。

13. 一般動詞を使った連語②

1 (1) like, best　(2) belongs, to　(3) up, early　(4) myself　(5) heard, from

2 (1) happening　(2) looked（または，seemed），like　(3) come, true　(4) give, up

3 （それぞれ順に）(1) ウ，オ　(2) ウ，エ　(3) カ，イ　(4) オ，ウ　(5) エ，オ　(6) ア，キ　(7) オ，キ　(8) カ，ウ　(9) エ，ウ

◇ 解説 ◇

1 (1)「これは私が一番好きな歌だ」→「私はこの歌が一番好きだ」。「～が一番好きだ」＝ like ～ (the) best。

(2)「彼はバスケットボールクラブのメンバーです」→「彼はバスケットボールクラブに所属しています」。「～に所属している」＝ belong to ～。

(3)「アサコは早起きだ」→「アサコは朝早く起きる」。「起きる」＝ get up。

(4)「私はパーティーで楽しい時間を過ごしました」→「私はパーティーで楽しみました」。「楽しむ」＝ enjoy oneself。主語が I なので myself となる。

(5)「彼女は長い間私に手紙を書いていない」→「私は長い間彼女から手紙をもらっていない」。「～から手紙をもらう」＝ hear from ～。現在完了の文なので，過去分詞の heard を使う。

2 (1)「～に起こる」＝ happen to ～。現在進行形〈be 動詞＋～ing〉の文。

(2)「～のように見える」＝ look like ～。過去形になる。

(3)「(夢などが)かなう，実現する」＝ come true。

(4)「～するのをやめる」= give up ～ing。

3 (1) how で始まる疑問文。「～に行く，～に着く」= get to ～。How can I get to the station?となる。

(2)「～に向けて…を発つ」= leave … for ～。My brother left Tokyo for New York.となる。

(3)「～しませんか？」= How about ～ing?。「散歩をする」= take a walk。How about taking a walk on Sunday?となる。

(4)「～しなければならない」= have to ～。「～に参加する」= take part in ～。You have to take part in the discussion.となる。

(5)「～するのを恐れる」= be afraid of ～ing。「間違う」= make mistakes。Don't be afraid of making mistakes.となる。

(6)「～してくれてありがとう」= Thank you for ～ing。Thank you for inviting me to the party.となる。

(7)「～によろしく言う」= say hello to ～。Please say hello to Naomi when you see her.となる。

(8)「A に～してくれないかと頼む」=〈ask A to ～（動詞の原形）〉。「～の…を手伝う」= help ～ with …。I asked Naomi to help me with my homework yesterday.となる。

(9)「～に話しかける」= speak to ～。受動態の文で「…に話しかけられる」は be spoken to by …の語順。I was spoken to by a strange man.となる。

14. 助動詞を使った連語

1 (1) ウ　(2) ウ　(3) ア　(4) イ　(5) イ　(6) エ　(7) エ　(8) ア

2 (1) Will（または，Can，Would，Could），begin　(2) Shall，we　(3) Shall，we (4) like，to　(5) like，to　(6) Shall，I

3 （それぞれ順に）(1) オ，カ　(2) イ，カ　(3) イ，ア　(4) ア，イ　(5) カ，エ

◇ 解説 ◇

1 (1)「ここはとても寒いです。ドアを閉めてもいいですか？」。「～してもいいですか？」= May I ～?。

(2)「今晩，夕食に出かけましょうか？」—「はい，そうしましょう」。「～しましょうか？」= Shall we ～?。

(3)「私に塩を取ってもらえますか？」—「いいですよ」。「～してもらえますか？」= Will you ～?。

(4)「私は砂糖の入ったコーヒーを一杯飲みたいです」。「～したい」= would like to ～。

(5)「とても暑いです。窓を開けましょうか？」。「（私が）～しましょうか？」= Shall I ～?。

(6)「サトウ先生，このコンピュータの使い方を私に教えていただけますか？」。「～していただけますか？」= Could you ～?。

(7)「この辞書を使ってもいいですか？」―「もちろんです！」。「～してもいいですか？」= Can I ～?。

(8)「メグは子どものとき，川で泳いだものだった」。「～したものだった」= used to ～。

2 (1)「さあ料理を始めてください」→「さあ料理を始めてくれませんか？」。「～してくれませんか？」= Will（または，Can）you ～?。または，丁寧な言い方の Would（または，Could）you ～?（～してくださいませんか？）で表す。start ～ing = begin ～ing。

(2)「次の土曜日に動物園へ行きましょう」→「次の土曜日に動物園へ行きましょうか？」。「（一緒に）～しましょうか？」= Shall we ～?。

(3)「今週の土曜日，買い物に行きませんか？」。Why don't we ～?も Shall we ～?と書きかえ可能。

(4)「いつか私はニューヨークを訪れたいです」。「～したい」= would like to ～。

(5)「私と一緒に買い物に行くのはどうですか？」→「私と一緒に買い物に行きませんか？」。「～しませんか？」という提案は Would you like to ～?でも表せる。

(6)「あなたは私にカーテンを開けてほしいですか？」→「カーテンを開けましょうか？」。「（私が）～しましょうか？」= Shall I ～?。

3 (1)「～してもいいですか？」= May I ～?。「～を借りる」= borrow ～。May I borrow your dictionary this evening?となる。

(2)「～していただけますか？」= Would you ～?。「A に～するよう言う」= tell A to ～。Would you tell Tom to bring my notebook?となる。

(3)「あなたはデザートに何が欲しいですか？」と考える。「あなたは何が欲しいですか？」= What would you like?。What would you like for dessert?となる。

(4) have があることから，「お茶を一杯飲むのはいかがですか？」と考える。「～するのはいかがですか？」= Would you like to ～?。「一杯の～」= a cup of ～。Would you like to have a cup of tea?となる。

(5)「～してくれませんか？」= Will you ～?。「何をすればいいか」= what to do。Will you tell me what to do?となる。

15. 時や場所を表す連語

1 (1) ア　(2) ウ　(3) エ　(4) イ　(5) ウ

2 (1) long　(2) from　(3) in，front　(4) after，school　(5) on，way　(6) all，day

3 （それぞれ順に）(1) ア，イ　(2) オ，ア　(3) オ，ア　(4) カ，エ　(5) イ，カ　(6) ア，イ　(7) カ，エ　(8) オ，キ

☒ 解説 ☒

1 (1)「その店は郵便局とスーパーの間にある」。「A と B の間に」= between A and B。

(2)「その当時，ジョンとポールがバッテリーを組んでいた」。「その当時」= at that time。

(3)「ジェーンは月曜日から金曜日まで学校に通っています」。「A から B まで」= from A to B。

(4)「私たちは映画に間に合うでしょう」。「〜に間に合う」= be in time for 〜。

(5) 選択肢のうち，過去の文で使える語句は one day（ある日）のみ。「ある日，ナナミは友達に会うために家の近くの公園に行った」。

2 (1) 期間を尋ねる表現は how long。(2)「〜の出身だ」= come from 〜。

(3)「〜の前に」= in front of 〜。(4)「放課後に」= after school。

(5)「家に帰る途中」= on one's way home。home は副詞なので to は不要。

(6)「一日中」= all day。

3 (1)「何時に」= what time。「起きる」= get up。What time did you get up this morning?となる。

(2)「A（人）に B（もの）を買う」= buy A B。「先日」= the other day。My father bought me a cat the other day.となる。

(3)「〜がある」= There is 〜。「〜の隣に」= next to 〜。There is a library next to the school.となる。

(4) 現在完了〈have + 過去分詞〉の文。「私は長い間あなたに会っていない」と考える。「長い間」= for a log time。I haven't seen you for a long time.となる。

(5) 受動態〈be 動詞 + 過去分詞〉の文。「〜中で」= all over 〜。This song is sung all over the world.となる。

(6)「〜次第，〜したらすぐに」= as soon as 〜。I'll tell you as soon as I get the tickets for the concert.となる。

(7)「すぐに」= at once。Go home at once and see a doctor.となる。

(8)「はじめて」= for the first time。「〜歳の時」= at the age of 〜。He visited Singapore for the first time at the age of ten.となる。

▌ 16. 数量や数え方を表す連語

1 (1) ウ　(2) ウ　(3) エ　(4) エ　(5) イ　(6) ア　(7) イ　(8) ウ　(9) ア　(10) イ　(11) イ　(12) ア　(13) エ　(14) ア

2 (それぞれ順に) (1) カ，キ　(2) カ，オ　(3) ウ，エ　(4) ク，オ　(5) エ，キ　(6) カ，キ

☒ 解説 ☒

1 (1)「このTシャツはいくらですか？」。値段を尋ねる表現は how much。

(2)「私は体育館の中で数人の子どもたちを見ました」。children は数えられる名詞なので，数えられない名詞を修飾する a little や much は使えない。

(3)「あなたと話す時間が少しあります」。「時間」という意味の time は数えられない名詞なので，数えられる名詞を修飾する a few や many は使えない。アは a lot のあとに of が必要。

(4)「あなたは毎日たくさんの牛乳を飲まなければならない」。a lot of ～（たくさんの～）は，数えられる名詞と数えられない名詞のどちらも修飾できる。

(5)「そのパーティーにはたくさんの女性がいました」。「たくさんの～」= lots of ～。数えられる名詞も数えられない名詞も修飾できる。

(6)「私は棚にあるほとんどの本を読んでしまいました」。「ほとんどの～」= most of ～。much of ～は数えられない名詞に対して用いる。

(7)「私はカップ1杯のお茶がほしい」。「カップ1杯の～」= a cup of ～。

(8)「私は昨日，コーヒーを2杯飲みました」。「2杯の～」= two cups of ～。coffee は数えられない名詞であるため，複数形の s がつかない。

(9)「昨日私は一足の靴を買うためにショッピングモールに行きました」。「一足の靴」= a pair of shoes。

(10)「紙を1枚いただけますか？」。paper は数えられない名詞。「1枚の紙」= a piece of paper。

(11)「リサとベスは両方ともカナダから日本に来た」。「AとBの両方」= both A and B。

(12) 動詞が三単現の形になっていることに着目する。「あなたかトムのどちらかが，この仕事をしなければなりません」。「AかBのどちらか」= either A or B。

(13) 動詞が三単現の形になっていないので，複数を表すものを選ぶ。「彼らはどちらもバスケットボールをするのが好きです」。one of them（彼らの一人），each of them（彼らのそれぞれ）は単数扱い。every of ～という表現はない。

(14)「私は2つの帽子を持っている。1つは黒色で，もう1つは青色だ」。「（2つのうち）1つは～で，もう1つは…」= one is ～ and the other is …。

2 (1)「～はいかが？」と相手にものを勧める表現は，Would you like ～?。「もう一杯の～」= another cup of ～。Would you like another cup of tea?となる。

(2)「私に～をください」= Please give me ～。「一杯の水」= a glass of water。Please give me a glass of water.となる。

(3)「～以上」= more than ～。Her room has more than fifty books.となる。

(4)「何名の生徒」= how many students。「～がいる」= there is/are ～。How many students are there in your classroom?となる。

(5)「どれくらいのお金」= how much money。How much money did you spend last month?となる。

(6)「～の三倍多くの…」= three times as many … as ～。There were three times as many girls as boys in the classroom.となる。

┃ 17. その他の連語 ┃

１ (1) イ　(2) イ　(3) ウ　(4) エ　(5) エ　(6) ア　(7) イ　(8) ウ

２ (1) for, example　(2) How, far　(3) not, but　(4) so, on　(5) either　(6) possible
(7) goes, to, on　(8) Why, don't, you（または, we）

３（それぞれ順に）(1) オ, エ　(2) ア, カ　(3) キ, ウ　(4) ウ, ア

◇ **解説** ◇

１ (1)「私たちはテレビでその野球の試合を見ました」。「テレビで」= on TV。

(2)「彼は歌手ではなく，俳優です」。「A ではなく B」= not A but B。

(3)「悪天候のため，私はその野球の試合を見に行かなかった」。「～のために，～のせい
で」= because of ～。

(4)「秋は私たちにリンゴやブドウ，そしてナシのような果物をもたらしてくれる」。「～の
ような」= such as ～。

(5)「父は自分でそのケーキを作った」。「自分で」= by oneself。

(6)「私は最初チーズを食べることができなかったが，今はできる」。「最初は」= at first。

(7)「昨日は雨が降っていたので，私たちは野球をする代わりに映画を観に行った」。「～す
る代わりに」= instead of ～ing。

(8)「たくさんの人々がその新しい映画を見るために次々に映画館へ来た」。「次々に」= one
after another。

２ (1)「例えば」= for example。(2) 距離を尋ねる表現は how far。

(3)「A だけでなく B も」= not only A but also B。(4)「～など」= ～ and so on。

(5)「～も…しない」= not … either。(6)「できるだけ～」= as ～ as possible。

(7)「歩いて」= on foot。(8)「～してはどうですか？」= Why don't you ～?。

３ (1)「～するのに十分…だ」= … enough to ～。形容詞が enough の前にくるのがポイン
ト。Ken is old enough to get a driver's license.となる。

(2)「早起きする」= get up early。「～するために」= in order to ～。He got up early in
order to catch the first train.となる。

(3)「ジェーンはこのクラスの他のどの生徒よりも速く走る」と考える。「他のどの～より」=
than any other ～。Jane runs faster than any other student in this class.となる。

(4)「ますます多くの～」= more and more ～。These days, more and more people are
making movies with their smartphones.となる。

18. よく出る会話表現

(1) エ　(2) イ　(3) ウ　(4) ウ　(5) ア　(6) イ　(7) ウ　(8) イ　(9) エ　(10) イ　(11) エ　(12) エ
(13) ウ　(14) ウ　(15) ア　(16) ウ　(17) ウ　(18) ア　(19) ウ　(20) ア　(21) ウ　(22) ウ　(23) ア　(24) エ
(25) イ

◇ **解説** ◇

(1)「今日は何日ですか?」―「5月5日です」。What is the date は日付を尋ねるときに用いられる表現。

(2)「今日は何曜日ですか?」―「水曜日です」。What day (of the week) は曜日を尋ねるときに用いられる表現。

(3) B が時刻を答えていることから考える。Do you have the time? =「何時ですか?」。

(4) 電話での会話。「もしもし,こちらはリナです」。This is 〜 speaking. =「こちらは〜です」。

(5) 電話での会話。A の話したい相手が不在であることから考える。Can I take a message? =「伝言を伺いましょうか?」。イの Hold on, please.は「(電話を切らずに)お待ちください」という意味。

(6) 電話での会話。「ジェームズさんをお願いできますか?」―「すみませんが,番号違いです」。have the wrong number =「電話番号を間違えている」。

(7) 店員と客の会話。May I help you? =「いらっしゃいませ,ご用を伺いましょうか?」。I'm just looking. =「見ているだけです」。

(8) 客と店員の会話。「アイスコーヒーをお願いします」―「こちらでお召し上がりですか,それともお持ち帰りですか?」。for here は店内で食べることを,to go は持ち帰ることを意味している。

(9) 客と店員の会話。客が T シャツの値段を尋ね,2,000円と言われたことに納得している。I'll take it. =「それをいただきます」。

(10)「ジェーン,出かける準備はできていますか?」という質問に対する返答。Just a moment. =「少し待ってください」。

(11)「私は今週末京都に行く予定です」―「本当ですか? よい旅を」。Have a nice trip. =「よい旅をしてください」。

(12)「あなたはどのくらいの頻度でジムに行きますか?」―「週に2回です」。頻度を尋ねる表現は how often。

(13)「今日の天気はどうですか?」―「晴れです」。What is 〜 like? =「〜はどのようですか?」。イの How を用いる場合,like は不要となる。

(14)「私に最寄りの駅への道を教えていただけますか?」という依頼に対する返答。All right. =「わかりました」。

(15) 空欄のあとに with me(私と一緒に)があること,B が「楽しそうですね」と答えていることから考える。Why don't you 〜? =「〜しませんか?」。「私と一緒に料理をしませ

んか？」とする。イの How about のあとの動詞は～ing 形となる。

⒃ B が「もちろんです。何時に会いましょうか？」と答えていることから考える。Why don't we ～?＝「（一緒に）～しませんか？」。「次の日曜日，映画を見に行きませんか？」とする。

⒄「今週末，買い物に行きましょうか？」―「もちろんです」。相手の提案に対して Why not?と答えることで賛意を表す。

⒅「ソースを取ってください」という言葉に対する返答。Sure. Here you are.＝「いいですよ。はいどうぞ」。

⒆「ピザの最後の一切れを食べてもいいですか？」という質問に対する返答。直後の「私は十分に食べました」という言葉から考える。Go ahead.＝「どうぞ」。

⒇「昨日，電車の中で携帯電話をなくしてしまいました」という相手に対する返答。That's too bad!＝「それは大変ですね！」。

㉑「あなたはいつ剣道の練習を始めたのですか？」という質問に，空欄直後で「5 歳のときに始めました」と答えている。Let me see.＝「ええと」。

㉒「私はサッカーが好きです」―「まあ，そうなの？」。相手が発した英文の〈主語＋動詞〉を疑問形にして聞き返すことで「そうなの？」というあいづちになる。like は現在形の一般動詞なので do を用いる。

㉓「試験は難しかった？」という質問に対して No で答えているので，「簡単だ」という意味の表現を選ぶ。a piece of cake＝「簡単なこと，朝飯前」。

㉔「今夜夕食を食べに私の家に来ませんか？」という誘いに対する返答。「今夜は宿題をするつもりです」と続くことから，誘いを断る文を選ぶ。I'm afraid I can't.＝「残念ですが（行くことが）できません」。

㉕「窓を閉めていただけますか？」―「いいですよ」。mind は「気にする，いやだと思う」という意味なので，疑問文を直訳すると「窓を閉めることを気にしますか？」。よって，No などの否定語を用いることで「（窓を閉めても）いいですよ」という意味になる。Not at all.＝「全く（気にし）ない」。